Philippe Meyer

71 De aedibus

Philippe Meyer

Quart Verlag Luzern

Philippe Meyer
71. Band der Reihe De aedibus / Volume 71 of the series De aedibus

Herausgeber / Edited by: Heinz Wirz, Luzern
Konzept / Concept: Heinz Wirz; Philippe Meyer, Genf
Projektleitung / Project management: Quart Verlag, Linus Wirz
Textbeiträge / Articles by: Paolo Amaldi, Genf; Philippe Meyer; Jacques Sbriglio, Aix-en-Provence
Objekttexte / Project descriptions: Philippe Meyer
Vorwort / Foreword: Heinz Wirz
Textlektorat Englisch / English text editing: Benjamin Liebelt, Berlin
Textlektorat Französisch / French text editing: Yves Minssart, Saint-Avertin
Übersetzung Französisch–Deutsch / French–German translation: Christian Rochow, Berlin
Übersetzung Französisch–Englisch / French–English translation: John Baker, Neschers
Übersetzung Deutsch–Englisch / German–English translation: Benjamin Liebelt S./p. 7 (Notat)
Übersetzung Deutsch–Französisch / German–French translation: Yves Minssart S./p. 96 (Notat)
Fotos / Photos: Jean-Michel Landecy, Genf S./p. 14, 15.2, 16.1, 19.1, 19.2, 19.3, 19.4, 20, 21.1, 21.2; Julia Voormann, Zürich S./p. 34; Joël Tettamanti, Neuenburg S./p. 54, 59, 62.2, 63, 64.1, 64.2, 68, 70, 73, 74, 75; Marisa Baumgartner, New York S./p. 10.1, 31, 32.1, 32.2, 36, 38, 39, 46, 47, 49, 50.1, 50.2, 51, 52.2, 55; Philippe Meyer, Genf S./p. 6, 16.2, 17, 26.1, 26.2, 27.1, 27.2, 30, 33.1, 33.2, 33.3, 33.4, 35, 40, 42.1, 42.2, 45, 52.1, 56.1, 56.2, 60, 61, 62.1, 67, 69, 77, 79.1, 79.2, 81, 85, 92.1, 92.2
Grafische Umsetzung / Graphic design: Quart Verlag
Lithos: Printeria, Luzern
Druck / Printing: Printer Trento S.R.L., Trento I

© Copyright 2018
Quart Verlag Luzern, Heinz Wirz
Alle Rechte vorbehalten / All rights reserved
ISBN 978-3-03761-152-4

Quart Verlag GmbH
Denkmalstrasse 2, CH-6006 Luzern
books@quart.ch, www.quart.ch

7	De aedibus 71 – Notat Heinz Wirz
8	«Das Bessere ist der Feind des … Schlechten» oder: Wie Undefiniertheit das Konkrete zulässt "The best is the enemy of the … bad" or: How non-definition leads to the tangible Philippe Meyer
12	Ideenwettbewerb neue Identität für das Kulturzentrum «L'Usine», Genf Ideas competition: New identity for the cultural centre "L'Usine", Geneva
14	Verwaltungsgebäude der Fakultät für Psychologie, Genf Administrative building, Faculty of Psychology, Geneva
22	Der suchende Blick / The searching gaze Paolo Amaldi
28	Modern, unvermeidlich modern / Modern, necessarily modern… Jacques Sbriglio
30	Aufstockung Wohngebäude, Genf Heightening of town houses, Geneva
34	Transformation und Sanierung Industriegebäude, Genf Transformation and renovation of an industrial building, Geneva
40	Studentenhaus / Student house, Montreux
46	Einfamilienhaus / Private house, Vandœuvres
54	Doppelwohnhaus / Twin houses, Collonge-Bellerive
60	Stadthaushotel, Genf / Town house hotel, Geneva
68	Einfamilienhaus / Private house, Cologny
76	Mehrfamilienhaus / Apartment house, Vernier
80	Drei Mehrfamilienhäuser / Three apartment houses, Corsier
84	Einfamilienhaus / Private house, Prangins
88	Werkverzeichnis / List of works
92	Biografie, Mitarbeiter / Biography, Collaborators
93	Architektur / Architecture Philippe Meyer
95	Texte in Französisch / French texts

De aedibus 71 – Notat
Heinz Wirz

Mit Spannung und grossem Interesse durchblättere ich das Manuskript zu diesem Band. Und einmal mehr werde ich gewahr, was für eine grosse Arbeit des Architekten, seiner Mitarbeiter und des Autors hinter jedem Band steckt. Die Pläne müssen aufbereitet und geprüft, die Texte verfasst, lektoriert und übersetzt werden. Die Bilder werden ausgewählt, drucktechnisch aufbereitet und in ihrer Farbigkeit geprüft und eingestellt. Und schliesslich entwickelt der Architekt ein Konzept, das die Richtlinien gibt, nach denen Text, Plan und Bild miteinander verwoben und kompositorisch gesetzt werden. Oft widerspiegelt das Konzept den gestalterischen Willen des Architekten, der in verwandter Form auch seinen Entwürfen zugrunde liegt. Oder er reflektiert – wie im vorliegenden Band – die architektonischen Entwürfe neu, er denkt über sie nach, er prüft erneut die Wirkungen der Räume, der Materialien, ihre Veränderungen mit unterschiedlichem Licht, mit den wechselnden eigenen Wahrnehmungen.

Der Genfer Architekt Philippe Meyer untersucht hier die zuweilen ephemeren Wahrnehmungen von kleinen Raumkompartimenten, in denen verschiedene Materialien aufeinandertreffen und das Licht sie zum Sprechen bringt. Oder er beobachtet die Wirkung einer fragil verglasten Gebäudeecke, die den Innenraum mit dem öffentlichen Aussenraum zum Verschmelzen bringt und betrachtet geheimnisvolle Lichtquellen an einer Decke und am oberen Rand einer Wand. Oft sind es Untersuchungen, wie das Licht auf Materialien trifft, oder es sind Ausblicke durch Glasfronten, geheimnisvoll gelenkte Sichten auf Gebäudeausschnitte. Der Blick wird vertieft, um daraus eine besondere, anrührende, ja mediterrane Poesie sprechen zu lassen. Die ungewohnte Annäherung an die Architektur verrät die Herkunft des Architekten. Philippe Meyer wurde in Marseille geboren – als Sohn einer Spanierin und eines Schweizer Vaters mit salernischen Wurzeln. Er ist dort aufgewachsen und in Marseille hat er sein Architekturstudium absolviert. Diese biografischen Wurzeln lassen ihn beharrlich die Tiefen der Architektur in der Anschauung ausloten, ein Vorgang, der dem Betrachten eines Bildes ähnlich ist und über den Paul Valery in seiner *Einführung in die Methode des Leonardo da Vinci* resümiert: «Die Wirkungsweise eines Werks ist nie eine *blosse* Folge aus den Bedingungen seiner Entstehung. Man kann vielmehr im Gegenteil sagen, dass ein Werk den heimlichen Vorsatz in sich trägt, der Phantasie eine Art und Weise seiner Entstehung einzuflüstern, die der Wahrheit so wenig wie möglich entspricht.»

Luzern, im Januar 2018

De aedibus 71 – Notat
Heinz Wirz

It was a fascinating and exciting experience to browse through the manuscript of this volume. Once again, I realise the great amount of work that goes into producing each book, by the architect, his team and the author. Plans must be re-designed and checked, and texts written, re-read and translated. Images are selected and calibrated for printing, their colours verified before their insertion into the layout. Then the architect develops a concept with texts, plans and images, which are interwoven and composed using the same guideline. Often, the concept reflects the aesthetic universe of the architect, in direct relation to his own designs. In this volume, the architect reflects on his architectural designs, while re-examining space and its events, materials and light according to his own perceptions.

In this volume, the Genevan architect Philippe Meyer investigates the at times ephemeral perception of small spaces, in which light reveals the composition of materials. Or he observes the effect of a fragile, glazed building corner that merges interior and public exterior spaces, or mysterious sources of light reflecting on the ceiling and upper edge of a wall. He shares these studies on how light affects materials, on views through glazing elements or on those furtively guided perspectives towards other buildings. The architectural view is intensified to allow a special, poignant, even Mediterranean poetry to express itself. This singular approach to architecture reveals the architect's roots. Philippe Meyer was born in Marseille, the son of a Spanish mother and a Swiss father originally from Salerno. Marseille is also the city where he grew up and graduated in Architecture. This biographical background allows him to explore the depths of architecture through perception, a process that is similar to viewing a picture. In his *Introduction to the Method of Leonardo da Vinci*, Paul Valéry describes the following: "The effect of a work is never the *mere* consequence of the conditions of its creation. On the contrary, it is far more pertinent to say that a work contains within it the secret intention of providing a whispered indication to imagine the way in which it was created, which conforms as little as possible to the truth."

Lucerne, January 2018

«Das Bessere ist der Feind des ... Schlechten» oder: Wie Undefiniertheit das Konkrete zulässt

Philippe Meyer

Architektur denken. Das Gebaute denken, das den Raum einnehmen wird, es denken, fern aller Regeln, Zwänge, Gewohnheiten, Reflexe, in einer Strategie des Nicht-Definierens. Eine Strategie des Absoluten, des Abstrakten, des Unverwirklichten, noch offen, noch auf Verwendung wartend, fern von Moden, Stilen und Zeit. Das Design, das diesen Zustand übermässig repräsentiert, vergessen, um zu verstehen, dass das Raumkonzept die Genetik und die Typologie eines Ortes verändert. Im Hinblick auf seine Einhaltung, seinen Originalzustand, sein Gedächtnis, seine Geschichte muss man sich grundsätzlich bewusst sein, dass jeder Eingriff eine mögliche Veränderung verursacht.

Die Atmosphäre eines Raums, auf jeder Massstabsebene, wird nicht nur von seiner tatsächlichen gebauten, konkreten, fühlbaren Realität beeinflusst, sondern gleichermassen absichtlich oder zufällig auch von der Interaktion des Lichts, der Geräusche und der Gerüche. Die Räume setzen sich mithin aus Überlagerungen, aus Schichten zusammen und sind niemals leer.

Die Undefiniertheit übernimmt einen Teil dieser Überlegung. Das bedeutet, dass es keine selbstverständliche, unmittelbare Lesart einer Typologie des besetzten Raumes gibt, sondern eine einzigartige unveröffentlichte Lesart, die grundsätzlich ephemer sein wird.

Diese szenografische Arbeit steht im Dienst eines einzigartigen, sehr spezifischen Begriffs, dem der Aneignung. Der Sinn dieses im architektonischen Jargon verpönten Wortes ist dann sinnfällig, wenn der Empfänger des gebauten Objekts sowie der Raum damit belegt werden. Es handelt sich nicht nur um Formen oder Materialien, die in einer Art Komposition kombiniert sind, sondern darum, neue Wege zu zeichnen, und Erfahrungen oder Gefühle zu vermitteln.

Das Grundstück, die Oberfläche des Eingriffs, ist eine verfügbare Fläche, die als Träger dynamischer Übermittlungen nützlich und nutzbar ist. Einen Kontext, eine Umgebung, eine Atmosphäre schaffen.

Man begreift also, dass die Form nicht das Objekt ist, dass die Einschreibung in den Raum das Element übersteigt, dass die Installation die Oberhand über den Entwurf des Werkzeugs gewinnt. Die Gegenwartskunst verdrängt das Kunstgewerbe: «[...] das sind keine ‹verzierten› Objekte, die für die Stimmung erforderlich sind, sondern Gebrauchsgegenstände [...] Man setzt sich darauf, arbeitet darauf, verwendet sie, sie werden abgenutzt und ersetzt, wenn sie verschlissen sind.»[1]

"The best is the enemy of the ... bad" or: How non-definition leads to the tangible

Philippe Meyer

To think architecture. To think the built object occupying a space; to think it far from all rules, constraints, habits and reflexes within a strategy of indefinition. A strategy of absolute, abstract, unfinished – a strategy of things to be still open, still awaiting to be given a use, distanced from trends, styles and times. Forget design, over-representative of its own condition, to understand a formalisation of space that generates typological and genetic modifications of the site. It is in respect to this original state of the site, its memory, its history, that we are fundamentally aware that any intervention may be an alteration.

The atmosphere of a space, regardless of its scale, is not only affected by its future constructed reality – built, physical, tangible – but also, be it intentionally or fortuitously, by the interaction of light, sound and smell. Spaces thus consist of overlays, strata, that are never empty.

The strategy of non-definition borrows a part of these considerations. Non-definition draws on these considerations. This means that this non-definition strategy will not offer an instant rendering of the occupied space, that is, it will offer a singular, unprecedented interpretation of it, intrinsically transitory or ephemeral.

This scenographic work serves a singular very acute notion of "aprehension". Inexistent in any form of architectural terminology, this word assumes its full meaning as the recipient of the built object is occupied to the same extent as the space. It is not simply a question of forms or materials combined in a mode of composition, but of a journey to be designed, experiences or emotions to be transmitted.

The land, the space invested, is an area that is "available", useful and usable as a base for dynamic transmission. To create a context, an environment, an atmosphere.

The shape is not the object. The space contextualisation goes beyond the element itself. The installation outweighs the design of the tool. Contemporary art supersedes decorative art, "[...] the atmosphere is not created by the 'decorated' but by the objects in use [...] that we sit on, work on, use, wear out and replace."[1]

What the inhabited space represents is more important than the object itself. The images suggested. The concepts recalled. Décor only makes sense if it emerges from thought.

This work must be inscribed in a narrative structure, that of a "brain-script", constantly connected with the evolution of thought and the culture

[1] Le Corbusier, *L'Art décoratif d'aujourd'hui,* Paris 1925

Die Repräsentation durch das Objekt des bewohnten Raums ist wichtiger als das Objekt selbst. Das, was er zu sehen, zu denken gibt, ist noch mehr: der Beweis, dass das Dekor nur von der Darstellung einer Idee sinnvoll ist.

Wesentlich ist, diese Arbeit in die Kontinuität einer Schrift, eines Gedankenskripts, zu übersetzen, das in ständiger Verbindung mit der Entwicklung des Denkens und der Kultur seiner Zeit steht. Eine vielschichtige Arbeit, deren Schichten sich unaufhörlich aus der Vielzahl der vorgeschlagenen Erfahrungen ergeben.

Die Planungsprozesse, die Entwicklungsszenarien, die Leitung der Bodennutzung, die Entwicklung professioneller Strukturen, die Vervielfachung der Lebensformen müssten zu einem umfassenden Nachdenken über den kulturellen «Zustand» der Produktion führen.

Die entscheidende Frage des Wohnens, die jeden angeht, ist eine Illustration einer globalen Existenzweise, die darauf verzichtet. Das ist eine Marktsache. Die Fachleute des Immobiliengeschäfts, die sich auf symbolische kulturelle Werte beziehen, um die Stichhaltigkeit ihrer Werbebotschaften zum Zweck der Verkaufsförderung zu unterstreichen, geisseln offen die Architekten, die eine Dogmatik und Weltanschauung vorschreiben. Muss die Architektur sich karikieren, indem sie sich nur den prestigeträchtigsten Bauwerken widmet?

of its time. A system of layers whose depth depends on the multiplicity of the given experiences.

The planning process, the development scenarios, the management and use of the land, the development of professional structures and the multiplication of lifestyles should lead to a global deliberation on the cultural "state" of production.

The crux of the general housing problem, those issues to affect a majority of people, are the consequences of a framework created by the economy. It is a market issue. Real estate agents who refer to symbolic cultural values to justify the relevance of the selling arguments in their advertisements openly berate architects for imposing their dogma and world vision. Should architecture, in a caricature of itself, devote itself uniquely to the most prestigious works?

Are there two worlds – that of an architect devoted to an artistic expression and that of another, an unpolished craftsman of an off-the-peg lifestyle? In a society where temporary, disposable, instant consumption is omnipresent, the constituent parts of our environment are becoming virtualised. Paradoxically enough, housing still embodies durability, the desire and the duty to last.

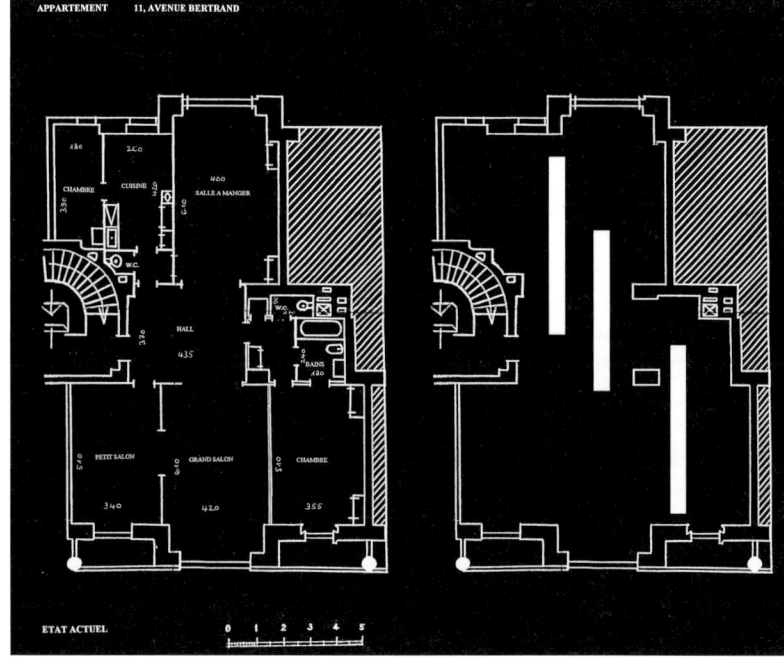

1

1 BTD 029/97

2

3

Gibt es zwei Welten? Die eines Architekten, der sich dem Kunstausdruck widmet, und jene eines gefühllosen Bauwerkers, der Wohnungen von der Stange produziert? In einer Gesellschaft, in der Kurzlebigkeit, sofortiger Konsum und Wegwerfprodukte allgegenwärtig sind, werden die Bestandteile unserer Umwelt virtuell. Die Wohnung verkörpert paradoxer- oder widersprüchlicherweise dennoch den Fortbestand, den Wunsch und das Bedürfnis nach Dauer.

Man kann sich des Gedankens nicht erwehren, dass ausgerechnet die Fachleute des Wohnungswesens diese Streitfrage aus einer verzerrten Perspektive betrachten. Es ist gewiss kein Zufall, wenn sich die begehrtesten Wohnungen in umgenutzten Gebäuden, neu Wohnzwecken zugeführten und sonstigen Bestandsbauten befinden.

Inhärente wirtschaftliche Bedingungen haben zur Folge, dass das hergestellte Produkt die Vervielfachung des Identischen und nicht die Offenbarung einer Identität impliziert. Und genau hier verwirrt sich die Fragestellung einer Debatte, deren Resultate nur kulturell sein können. Es muss unbedingt damit aufgehört werden, Norm und Qualität, Reglemente und Regeln, Typus und Identität durcheinanderzuwerfen, und es ist erforderlich, sich dem Experimentieren mit neuen Modellen zuzuwenden.

Die Wohnung kann sich nicht mit der Erfüllung von Grundbedürfnissen begnügen, sondern muss Komfort als eine wiederkehrende Komponente ihrer Architektur verwirklichen. In einer Epoche, in der das Virtuelle die Diffusion und den Kulturkonsum verändert, bezeichnet die Frage des Wohnens einen Bruch, der dringend durchdacht werden muss, auf dass «schliesslich das Bessere der Feind des Schlechten» werde.

Genf, im Oktober 2017

We cannot help thinking that real estate professionals regard the debate from a distorted from a distorted or misdirected perspective. It is surely no coincidence that the some of the most desirable housing structures are reassigned, converted non-residential structures or existing buildings.

The housing market intrinsically favours a proliferation of a model more than revealing the specific identity of each object. The cultural problem lies at the centre of a debate in which standards and quality, regulations and rules or typology and identity are often confused. Experimenting with new models is essential.

Housing cannot simply settle for satisfying basic needs but must make "comfort" a recurrent component of its architecture. In an era when the virtual is radically transforming dissemination and cultural consumption, the question of housing reflects a breakthrough requiring urgent examination so that "in the end, the best is the enemy of bad…"

Geneva, October 2017

2 Villas Pattern, 2014
3 Pierre Soulages, Untitled, 2004

SI JE DIS QUE TOUT CE QUE JE NE COMPRENDS PAS M'INQUIÈTE *(FRIEDRICH NIETZCHE)*, C'EST PARCEQU'IL EST ENTENDU QUE *JE DIS JE EN SACHANT QUE CE N'EST PAS MOI (SAMUEL BECKETT)*. OR CETTE INQUIÉTUDE DISPARAÎT DÈS QUE *CE QUI A ÉTÉ COMPRIS N'EXISTE PLUS (PAUL ELUARD)*. POUR FAIRE COMPRENDRE, IL FAUT PARLER, MAIS *IL NE SUFFIT PAS DE PARLER, IL FAUT PARLER JUSTE (WILLIAM SHAKESPEARE)*. ET HAUT. IL FAUT PARLER, PARLER ET MONTRER: *SI QUELQU'UN A DES OREILLES, QU'IL VOIE; SI QUELQU'UN A DES YEUX, QU'IL ENTENDE (HANS ARP)*. MONTRER QUE TOUTE CULTURE ALTERNATIVE, LORSQU'ELLE EST FIGÉE, INSTITUTIONALISÉE OU DIRIGÉE, DEVIENT CULTURE MORTE: *SE DONNER N'A DE SENS QUE SI L'ON SE POSSÈDE (ALBERT CAMUS)*. L'USINE POSSÈDE SON COEUR, INALTÉRABLE PAS SON CORPS, ÉPHÉMÈRE, TANT IL EST VRAI QU'EN MATIÈRE DE RÉVOLTE, *AUCUN DE NOUS N'A BESOIN D'ANCÊTRES (ANDRÉ BRETON)*. NE PAS HABILLER LE CORPS, NE PAS DÉCORER L'USINE, NE PAS FAIRE L'ARTISTE, *CAR SI CE SONT LES PLUMES QUI FONT LE PLUMAGE, CE N'EST PAS LA COLLE QUI FAIT LE COLLAGE (MAX ERNST)*. NE PAS AFFICHER DE COLLAGE MAIS COLLER DES AFFICHES, DESCENDRE DANS LA RUE, LÀ OÙ LES GENS REGARDENT: *CE SONT LES REGARDEURS QUI FONT LES TABLEAUX (MARCEL DUCHAMP)*, ET NON LES MURS QUI LES SUPPORTENT. SAVOIR QUE L'ON VA COLLER DES AFFICHES SUFFIT, À L'USINE MAINTENANT DE LES FABRIQUER, DE LES PRODUIRE, DE LES USINER, IL FAUT IMAGINER, ET *IMAGINER, C'EST CHOISIR (JEAN GIONO)*. CHOISIR SANS LES FIGER DES LIEUX, DES IMAGES, DES TEXTES ET DES ÉVÉNEMENTS, CAR *SI L'ON SAIT EXACTEMENT CE QUE L'ON VA FAIRE, À QUOI BON LE FAIRE (PABLO PICASSO)*.

Ideenwettbewerb neue Identität für das Kulturzentrum «L'Usine», Genf USN_C005/96	Ideas competition: New identity for the cultural centre "L'Usine", Geneva USN_C005/96

Wettbewerb / Competition: 1996, 2. Preis / 2nd prize
Auftraggeber / Contractor: Ville de Genève
In Zusammenarbeit mit / In collaboration with:
Pierre Bouvier Architecte

COUPABLE DE TOUTES LES NUISANCES, L'USINE FAIT PEUR, INTRIGUE, DÉRANGE. EST INCONNU **TOUT** CE QUI FAIT L'ESSENCE MÊME DE SON EXISTENCE: LA COHABITATION ACTIVE ET STIMULANTE DES MULTIPLES DISCIPLINES ARTISTIQUES RETRANCHÉES DANS CES MURS D'EMPRUNT, ÉPHÉMÈRES. JUSQU'À QUAND? L'USINE EST UN ABRI A DÉCOUVRIR, UNE ENVELOPPE À DÉCACHETER. C'EST **CE** QU'IL Y A DEDANS ET VIT ET BOUILLONNE QUI IMPORTE! ASSEZ DE CES EMBALLAGES, XIÈMES AVATARS DE CHRISTO! UN HABILLAGE DE PLUS POUR CACHER UN DE CES SEINS **QUE** L'ON NE SAURAIT VOIR? UN MASQUE DE TROP! ET TOUT ÇA POUR QUOI, POUR QUI? SI J'Y SUIS, C'EST QUE **JE** SAIS, JE CONNAIS DÉJÀ. IL FAUT FAIRE CONNAISSANCE, SE PRÉSENTER, DIRE AUX AUTRES QUI L'ON EST, S'AFFICHER, INTÉRESSER, INFORMER, SE MONTRER, INVITER, ALORS SURTOUT, SURTOUT **NE** PAS JOUER À CACHE-CACHE. IL FAUT FACILITER L'APPROCHE, LES REPÈRES, LES CHOIX. DONC IL FAUT ÊTRE AILLEURS, PAS JUSTE LÀ, OÙ L'ON EST DÉJÀ QUE TROP ATTENDU ET ENTENDU: IL FAUT AFFICHER HORS LES MURS LES BALISES ET LES INDICES! DIFFUSION, VENTILATION, IDENTIFICATION, REPRÉSENTATION, ORIENTATION SONT LES MOTS D'ORDRE QUE JE **COMPRENDS**. IL Y A ÉTAT D'URGENCE PARCE QU'IL Y A PÉRIL EN LA DEMEURE! ÉCLATONS-NOUS AU QUATRE COINS DE LA VILLE! ON DÉRANGE? SOIT! QU'IL SOIT AU MOINS DIT POURQUOI, ET QUE L'ON NE SE RETRANCHE **PAS** DERRIÈRE L'ALIBI UNDERGROUND POUR EXCUSER NOS FAIBLESSES ET NOS ÉCHECS! QUE **M'**IMPORTENT MES MURS SI MON IVRESSE EST INDÉRACINABLE? L'USINE N'EST PAS TRIBUTAIRE DE SES BRIQUES! CRÉONS NOUS-MÊMES LES AFFICHES, LES PAMPHLETS, LES TRACTS À DISSÉMINER COMME AUTANT DE PHARES ET DE LAMPIONS, A TRAVERS TOUTE LA VILLE **INQUIETE** QUI NE SAIT PAS ENCORE ET DIT: "TOUT CE QUE JE NE COMPRENDS PAS M'INQUIETE" (NIETZSCHE).

Verwaltungsgebäude der Fakultät für Psychologie, Genf
ON-OFF_R030/04

Der Vorplatz einer Universität, in den sich eine grosse Halle gräbt. Darüber erhebt sich ein Volumen mit sieben Geschossen. Auf der Rückseite, angelehnt an die Giebelwand eines bestehenden Wohngebäudes, eine neue Mauer, der man die nötige Tiefe gegeben hat, um alle Elemente des Betriebs und der Vertikalerschliessung aufzunehmen. Es ist eine monolithische Mauer: eine Lösung der Kontinuität.

Im Erdgeschoss ein Zugang zur Treppenhalle – zum Saal der «verlorenen Schritte», der sechs Seminarräume erschliesst und dessen Oberlichter das Licht vom Vorplatz einfangen.

Die Geschosse enthalten je drei Büromodule. Ihre Raumkomposition ist flexibel anpassbar. Die Büromodule sind mit weissem Gipsputz verkleidet und ermöglichen verschiedene Verteilungen. Zwischen ihnen sind die Gemeinschaftsbereiche mit rötlichem Holz warm verkleidet und rahmen die Ausblicke nach draussen.

Die Fassade ist geprägt von einer Schichtung der Ebenen und Büromodule. Die festen Wandteile sind mit einer schwarzen Dämmung umhüllt und die Öffnungen bestehen aus schwarzen Alu-Fensterprofilen. Die davor liegende Aussteifung aus rostfreien Stahl-Zugstangen ist von der Fassade abgelöst. Das Ensemble weist eine freie, wohl durchdachte, abstrakte und zugleich vereinheitlichende Gestaltung auf.

Das unbearbeitete, nackte, unverkleidete, schutzlose Volumen musste erst noch verkleidet werden. Ein gleichmässiges Metallgewebe dient als Sichtschutz und entlastet die Fassade von Einwirkungen wie Wind, Sonne und Regen.

Je nach Sonnenstand, Helligkeitsgrad, Luftfeuchtigkeit, Temperatur, Färbung des Himmels sowie Beleuchtung der Büros und Flure präsentiert sich das Gebäude der Stadt anders: opak, matt, transparent, glänzend, moiriert, nicht vorhanden, verschwommen, beweglich oder schwebend – wie eine «Laterne» auf dem Universitätsgelände.

Administrative building, Faculty of Psychology, Geneva
ON-OFF_R030/04

The forecourt of a university. Carved in this forecourt, a great hall. Above it, a seven storey building. At the rear, against the gable wall of an existing residential building, there is a new wall, thick enough to house all the service and vertical access elements, a monolithic wall: a solution representing continuity.

On the ground floor, a balcony, a walkway to the staircase, to the "Salle des pas perdus" that provides access to six seminar rooms with skylights that let natural light in from the forecourt.

Inside each floor, three different office modules combine freely. The white plaster modules bear different spatial compositions and can be flexibly adapted. In between them, the warmth of the red wood used in common areas frames and captures the view outside.

The façade is created by the layering of levels and office modules. The fixed wall panels are coated in a layer of black insulation while the openings consist of black, thermo-coated aluminium window profiles. The ensemble has a bracing system composed of steel struts with a free, well-conceived design that is both abstract and unifying.

The built volume is still naked, unprotected. A uniform metallic fabric provides a shield veil, protecting the façade from the sun, wind and rain.

The building will change its appearance depending on the angle of the sun, the brightness, the air humidity, the temperature, the colour of the sky, the lighting in the offices, the corridors, the city: opaque, matt, transparent, brilliant, moiré, non-existent, hazy, moving, floating like a lantern on the university campus.

Wettbewerb / Competition: 1997, prämiertes Projekt /
Award-winning project
Ausführung / Construction: 2004
Bauherr / Client:
Faculté de Psychologie, Université de Genève
In Zusammenarbeit mit /
In collaboration with:
Pierre Bouvier Architecte

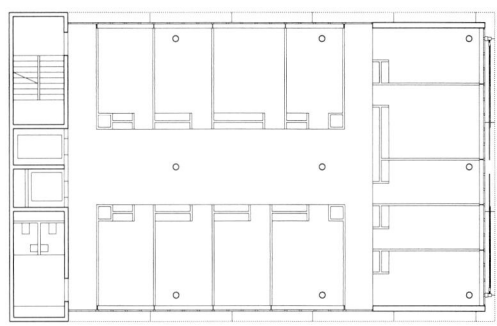
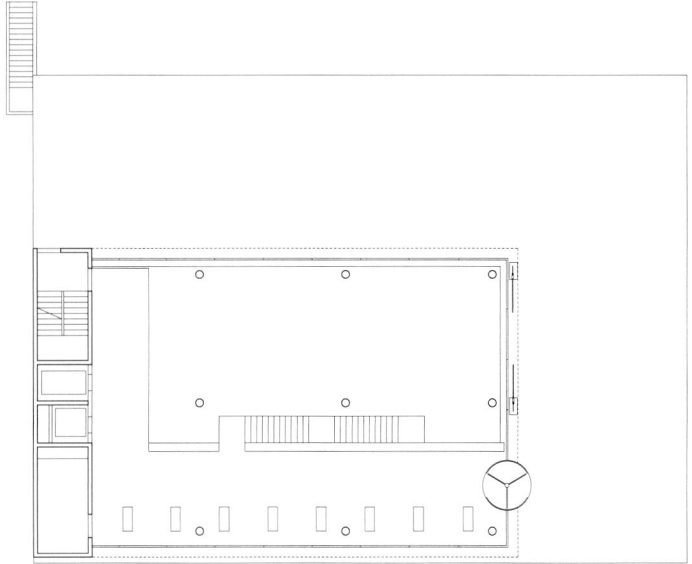
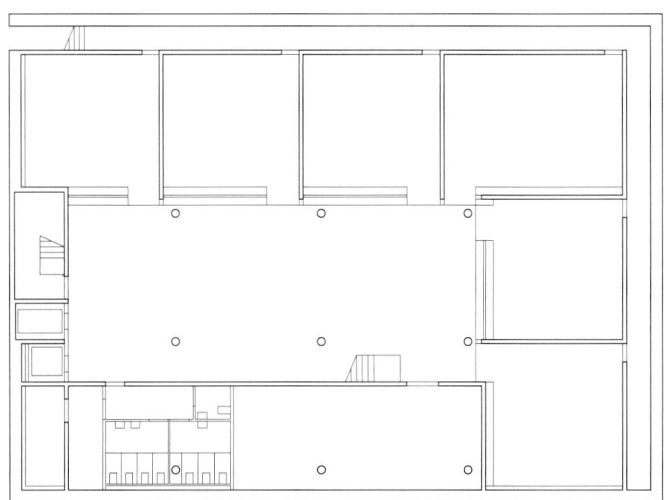

5 m

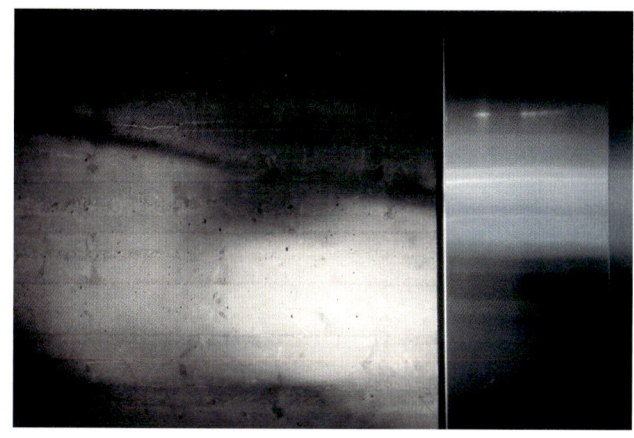

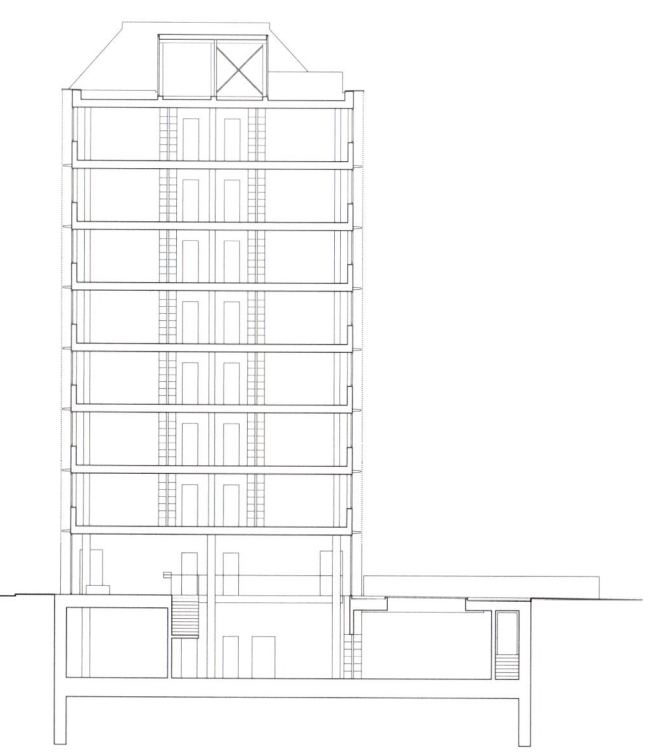
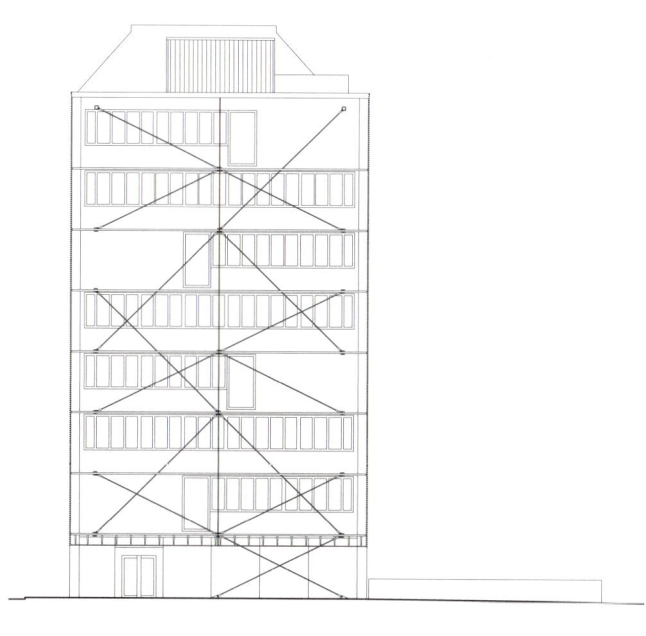

Der suchende Blick
Paolo Amaldi

Über der Architektur von Philippe Meyer liegt so etwas wie ein japanischer Hauch. Diese wenigen Zeilen wollen versuchen, diese Resonanz zu illustrieren, wenn nicht zu erklären.
Zunächst einmal halten Sie ein in seiner Beschaffenheit sehr schickes Buch in den Händen.
Wenn die Architektur auch das grafische und fotografische Medium ist, durch das sie inszeniert wird, dann könnte man mit der Beobachtung beginnen, was die vorliegende Monografie uns über die Bildgestaltung verrät: Die meisten Abbildungen sind Nahaufnahmen, manchmal Ausschnitte, die einen Teil des Bildes ausschliessen, den der Leser gern sehen würde. Die Details dehnen sich auf den Seiten aus, die Übersichten sind Vignetten zur Stimmung. Diese Art der Bildzusammenstellung kündet davon, wie Architektur hier gemacht und gedacht wird. Das Buch und die Architektur von Philippe Meyer – wir erinnern daran, dass für Alberti das Erste eine Konstruktion und das Letzte ein offenes Buch ist – haben nach meiner Ansicht eine Gleichgewicht zwischen Texten und Bildern gemein, das einem Vorhaben von seltener intellektueller Strenge zusätzliche Kohärenz verleiht.
Unsere westliche Kultur hat den Blickpunkt, das Panorama, die Übersicht, den Fensterblick erfunden. In *Kunst als Beschreibung* stellt die Kunsthistorikerin Svetlana Alpers die italienische Malerei der Renaissance der holländischen Malerei des 17. Jahrhunderts gegenüber.
Bei Ersterer handele es sich um eine narrative Malerei – um das Erzählen einer Geschichte innerhalb eines Rahmens, eines Fensters – bei Letzterer um eine deskriptive Malerei. Diese beiden Traditionen spiegelten zwei unterschiedliche Beobachtersubjekte wider: den ICH-Blick der Renaissance und den MAN-Blick der niederländischen Kultur. Beide Blicke haben aber das Streben nach Aufdeckung, nach vollständiger Darstellung gemein.
Unsere Hypothese lautet, dass Philippe Meyer einen neuartigen Betrachter einführt, dem gewissermassen ein BEIM-Blick zukommt.
Der meditative, in der Schwebe gehaltene Blick, den seine Architektur aufruft, ist in einer Tradition verankert, die nicht nur modern oder modernistisch ist; es handelt sich um einen unterweisenden, feinfühligen, kultivierten, niemals unschuldigen Blick. Die Dinge sind da für jemanden, der die Zeit haben soll, sie zu betrachten, sich ihnen anzunähern. In seinem 1933 erschienenen Buch *Lob des Schattens* spricht der Romancier Tanizaki Junichiro von der westlichen Kultur als einer Kultur auf der Suche nach Fortschritt, nach immer

The searching gaze
Paolo Amaldi

There is something of a Japanese flavour in the architecture of Philippe Meyer. Without necessarily explaining this resonance in these few lines, I will at least attempt to illustrate it.
To begin with, there is the stylish book that you are holding in your hands.
While architecture is the graphic and photographic means by which it is staged, we might begin by observing how the present monograph relates a certain manner of assembling the images: most of them are close-ups, sometimes over-framed, obliterating part of the picture that the reader would have liked to see. The details spread magnificently across the pages while the overviews are atmospheric vignettes. This means of presenting images reflects the manner of thinking and achieving architecture. In my opinion, Philippe Meyer's book and architecture – let us recall that, according to Alberti, the first is a construction just as much as the second is an open book – share the same scopic nature, thereby adding coherence to an approach that exhibits a rare intellectual discipline.
Our western culture invented the viewpoint, the panorama, the overview and the perspective window. In *The Art of Describing*, the art historian Svetlana Alpers compares Italian painting during the Renaissance with Dutch painting in the 17th century.
One is narrative painting – telling a story within a frame, a window – while the other is descriptive painting. These two traditions reflect two different observational subjects: on the one hand, the world I observe of the Renaissance and on the other, the world that is seen of Flemish culture. Two visions which nevertheless share the same desire to reveal, to offer total expression.
Our hypothesis is that Philippe Meyer addresses a rather new type of spectator, a position we might describe as "WHILE watching".
The meditative, suspended look his architecture encourages is rooted in a tradition which is not only modern or modernist; it is an educated view, sensitive, cultivated and never innocent. Things are there for anyone who has the time to look at them, to draw close to them. In his "In Praise of Shadows", published in 1933, the novelist Junichiro Tanazaki spoke of western culture as a culture keenly on the lookout for progress and always in search of sharper clarity, hunting for the final hiding place of shadow and imprecision.

deutlicherer Klarheit, die den Schatten und die Ungenauigkeit bis zu ihrer letzten Zuflucht verfolgt.

Bei den riesigen Sälen der Klöster Kyotos beschreibt Tanizaki die Abfolge der Hallen, die in der Tiefe das Licht dämpfen, sodass der fahle Dämmerlicht, das in den Tempel eindringt, sommers wie winters gleichermassen erscheint. Die verschatteten Winkel, die sich in der Felderaufteilung der Shôjis – verschiebbaren Raumteilern mit engen Rahmen – bilden, reagieren noch auf das schwächste Licht: «In den abgeschiedensten Räumen tief im Innern eines grossen Gebäudes erfassen die in ein Dunkel, das kein äusseres Licht jemals durchdringt, gestellten verschiebbaren Trennwände und goldenen Wandschirme die äusserste Spitze des Tageslichts aus dem fernen Garten.»

Fügt man zu diesen Beschreibungen die japanische Tradition des Steingartens hinzu, ergibt sich zum Beispiel der Eindruck, den Philippe Meyers Gästezimmer in einem Teil des dichten und tiefen, aus dem 17. Jahrhundert stammenden städtischen Gefüges in Genf erweckt.

Hier verschliessen sich die Gästezimmer in der Tiefe der alten Mauern und beziehen sich auf die Zugangstreppen, die die Eingangsschwellen verbinden. Der gewölbte Gang, der sich in das Dämmerlicht hinein erstreckt, markiert eine Zäsur – man befindet sich nicht in der Kontinuität eines Raumes, sondern in einer Diskontinuität – und führt zu einem sehr engen Innenhof. Daher die Idee, den Pavillon, der den Hof einnimmt, mit einer Komposition aus leicht gefalteten Kupferlamellen zu versehen, die das Licht einfangen und vervielfacht zurückstrahlen. Dass das Äussere auf gutem Abstand gehalten wird, erinnert an die Vorliebe der japanischen Kultur für Privatsphäre: Man steht hier niemals im Schaufenster. Diese Anlage ist aber dennoch wendig und lebendig, denn sobald sich der Blickwinkel ändert, öffnet sich unversehens die Aussicht und der Blick geht in die Quere.

Diese Momentaufnahmen nähern sich eher einer östlichen als der westlichen Tradition an. Die japanischen Architekten Kisho Kurokawa und Kazuo Shinohara haben ausführlich die Art und Weise erörtert, in der die westliche Kultur den architektonischen Raum denkt, und haben darüber Theorien aufgestellt. Das Raumkonzept von Giedion geht aus einer Tradition hervor, die annimmt, dass der Raum eine strukturierte, durch Mauern definierte und auf abstrakte Weise manipulierbare Präsenz ist; also gleichzeitig Raum und Gestaltung. Das japanisches Konzept unterscheidet nicht Innen- und Aussenraum, sondern trennt öffentlichen und privaten Raum, verwendet aufeinanderfolgende Schichtungen, Mauern, die lediglich Raumteiler aus Papier sind, Abfolgen von Paneelen und verzichtet auf Flure – lauter Themen, die man seit dem Ende der 1930er Jahre in der Architektur

In the immense halls of the monasteries of Kyoto, Tanizaki describes the succession of rooms which, in their depths, dim the light such that the quality of the pale half-light entering the temple is essentially the same in the summer and winter. The shadowy corners formed in each compartment of the Shoji frames – tightly-framed sliding panels – react to even the very faintest light: "In the furthest rooms, in the very depths of a vast building, the mobile partitions and golden screens placed in the darkness, that no light from outside ever reaches, capture the very finest sliver of brightness from the distant garden."

By adding the Japanese tradition of rock gardens to these descriptions, you gain for example the experience of the hotel fittings incorporated by Philippe Meyer into the deep, dense opening of the 17th century fabric of Geneva.

Here, the guests' rooms are wrapped in the thickness of the old walls, playing with the steps between the levels that interlink the doorsteps. The vaulted passageway stretching into the half-light is a caesura – discontinuity of space takes precedence over continuity – leading to a tightly packed inner patio. Hence the idea of endowing the lodge in the courtyard with an arrangement of slightly pleated copper strips which capture the light and reflect it almost infinitely. Keeping the outside at a good distance, it calls to mind the Japanese taste for privacy – we are never on display. Yet this scheme is agile, alive; a change of angle and the view opens unexpectedly with the gaze slipping off at a diagonal.

These snapshots are more typical of an oriental rather than western approach. The Japanese architects Kisho Kurokawa and Kazuo Shinohara have held forth and theorized on the way in which western culture envisages the architectural space. The spatial notion of Giedion is born of a tradition which sees space as a structured presence defined by walls and is malleable in an abstract way. Both *Raum* and *Gestaltung*. The Japanese concept does not distinguish interior from exterior elements but separates public space from private space, calling on successive layers, walls which are nothing more than paper partitions, successions of panels, the absence of corridors – so many themes that can be observed in the work of Mies van der Rohe from the end of the 1930s, the oriental sensitivity of which was emphasised by Werner Blaser in *West Meets East* (1996).

von Mies van der Rohe findet, deren fernöstliche Sensibilität Werner Blaser in *West Meets East* (1996) aufgedeckt hat.

Der Pavillon im Hof definiert vom Wesen her einen Steingarten, der weder Innen- noch Aussenraum ist. Durch Reihen von Backsteinen im Boden und ein Kiesparterre, aus dem die schmalen Stämme feingliedriger Bäume aufragen, zeigt der lang gezogene Garten eine sehr japanische Art, den visuellen Horizont zu stabilisieren. Die Mauer, die den Zimmern des neuen Pavillons gegenübersteht, ist nackt wie jene des Steingartens der kaiserlichen Villa in Kyoto. Nachts erstrahlt die durchbrochene Sichtschutzwand, als bestünden die Riefelungen aus lichtdurchlässigem Papier.

Selbst wenn Philippe Meyer eine Villa am Rand des Sees konzipiert, die der leichten Neigung des Geländes folgt, durchbrechen die grossen Pultdächer den Massstab des Objekts und das Haus bleibt ein Pavillon. Jedes Gebäude wird behandelt und gedacht als Pavillon, während gewisse Schweizer Architekten beim Errichten von Villen lieber an den Baustil eines Palazzo denken.

Obwohl Letztere auf dem Boden fussen, einen Sockel ausbilden und Symmetrien zeigen, bietet der Pavillon eine fragilere Sprache, sein Bezug zum Boden ergibt sich durch Leerräume.

Gottfried Semper stellte die stereometrische Verfahrensweise, die darin besteht, vom Boden auszugehen, um die dem Stein angemessene Wirkung der Massigkeit zu erzielen (als Beispiel zog er den Palazzo Pitti in Florenz heran), dem tektonischen Prinzip der «Wandbereitung» gegenüber (Wand ist etymologisch mit dem «Gewand» verbunden). Letztere realisiert mit dem Zusammenfügen, Weben und Knoten eine Hütte, die nichts anderes ist als der Archetyp des Pavillons.

Die angewandte Strenge steht Effekthaschereien und dem architektonischen Standpunkt einer Architektur der Inszenierung, an welche der Architekt nicht glaubt, sehr fern. Wahrnehmbar ist dies auch bei seinen Wettbewerbsbeiträgen, die immer sehr subtil sind, zu subtil, um von einer Jury in einem Wimpernschlag erfasst zu werden. Ihr Verständnis erfordert Zeit. Man tritt in die Bedeutungsschichten seiner Projekte ein, insoweit man, ein wenig wie im Bild *Die Spitzenklöpplerin* von Vermeer, gewillt ist, sich von einer nahen Sicht führen zu lassen.

Und eben hier schliesst die Art, den Raum zu denken, an die japanische Kultur an, die auf Kosten der schönen Übersicht den Sinn für das Detail kultiviert, ein Erleben, das der Zeitablauf aufnimmt, da alle Wirkungen einmalig sind: das flüchtige Erscheinen eines Lichtstreifens auf einer Mauer, die vergängliche, unbeständige Transparenz einer Sichtschutzwand.

Die architektonische japanische Kultur, die Philippe Meyer kennt, ist verankert in der vergehenden Zeit,

The lodge in the courtyard defines an essentially mineral garden which is neither interior nor exterior. Stretched lengthwise by rows of bricks on the ground, bordered by a bed of gravel from which thin, structured tree trunks emerge – this is a typically Japanese means of stabilising the visual horizon. The wall facing the rooms of the new lodge is as bare as that of the rock garden of the imperial villa in Kyoto. By night, the screen façade is lit like streaks of translucent paper.

Even when Philippe Meyer designs a lakeside house espousing the gentle slope of the land, the large lean-to roofs break the scale of the object and the house remains a pavilion.

Every building is handled and designed as a lodge where certain Swiss architects building houses think more of a palazzo.

While the latter stands on the ground, has a base and exhibits symmetries, the lodge speaks a more fragile language; its relation to the ground is determined by the void.

Gottfried Semper compared the stereometric modus operandi, starting from the ground to achieve the effect of stone-like massiveness (using the Palazzo Pitti in Florence as an example), with the tectonic principle of the wooden framework (etymologically associated with the term *Gewand*, or garment) which consists of creating, by means of assembling, weaving and knotting, a cabin that is nothing more than the archetype of the lodge.

The rigour applied is far from the posturing architectural perspectives of performance architecture in which the architect does not believe. This can be observed, moreover, in his competition projects – always very subtle, too subtle for a jury to perceive in the blink of an eye. They need time. It is a question of plunging into the projects' layers of meaning, requiring a willingness to be guided by a close-up vision, rather like *The Lacemaker* by Vermeer.

This is where the vision of space in Japanese culture interconnects, favouring a taste for detail, for experience which absorbs the passage of time to the detriment of attractive overviews, because everything is contained in the one-time effect: the appearance of a line of light on a wall, the fleeting, unstable transparency glimpsed through a screen.

The Japanese architectural culture familiar to Philippe Meyer is a culture rooted in the passage of time, in the impermanence and fragility of effects. His architecture calls to mind the short films by Jean-Claude Rousseau and in particular *Arrière Saison*, which was filmed in the alleyways of the Imperial Park in Kyoto: the camera captures small, private scenes, micro-fictions playing out recurrently throughout the day.

In reality, the interior is designed as a landscape or, more literally, an occupied void. Everything flows from the material.

in der Vergänglichkeit und Flüchtigkeit ihrer Wirkungen. Seine Architektur erinnert an die Kurzfilme des Filmemachers Jean-Claude Rousseau, insbesondere an *Arrière-Saison*, der in den Alleen des kaiserlichen Gartens in Kyoto gedreht wurde: Die Kamera fängt kleine intime Szenen ein, Mikro-Fiktionen, die sich im Verlauf des Tages immer wieder abspielen.

Tatsächlich ist der Innenraum als Landschaft gedacht oder wörtlicher: als eine besetzte Leere. Alles geht von der Materie aus. Seine Arbeit nährt sich nicht von Bildern, sondern von Materialien, die von der Leere oder der Fuge, die ihre Koexistenz herbeiführt, zusammengebracht werden. Eine gestaltete, vierkantige, geglättete, zusammengefügte, geflochtene, geformte, extrudierte, hergestellte Materie; eine mehr oder weniger feste, mehr oder weniger durchsichtig, mehr oder weniger rohe Materie.

Diese sich ausbreitenden materiellen Ebenen werden als Paneele gedacht. Das Konzept des Fensters, einschliesslich des gelängten von Le Corbusier, ist eine abgenutzte Idee. Sie wird wie bei Mies van der Rohe durch die mobile Formensprache der Paneelen oder Träger ersetzt. Manche sind verschiebbar, andere nicht, aber alle tragen zur Konstruktion einer Frontalität bei, wie sie etwa die Villa QDC 175 zeigt, und zur Entfaltung von Dicke statt Tiefe. Alles ist beweglich, auch die Verglasungen, die Mauerabschnitte, die Schränke, die Sichtschutzwand, die Geländer.

Nehmen wir die Fassade der Fakultät für Psychologie. Betrachten wir genau, wie das (über dem Erdgeschoss aufgehängte) metallische Gewebe von einem System aus Federn gespannt wird und wie sich die Wendung an der Ecke vollzieht. Die geflochtene Umhüllung wendet sich nicht. Die Ecke trotzt den Himmelsrichtungen. Diese grossen Netze neutralisieren den Massstab des Gebäudes, funktionieren wie Ebenen ohne vertikale Begrenzung, ohne Nähte, während sich hinter ihnen das Hin und Her der Aussteifungskabel zeigt, die ein Ideogramm bilden. Wir befinden uns in einer Architektur ohne Rahmen. Wenn der Rahmen – in der klassischen Tradition – der Wahrnehmung Halt gibt, lässt der Nicht-Rahmen den Blick gleiten. Der daraus resultierende Eindruck des Schwankens verstärkt den Pavillon-Charakter des achtgeschossigen Gebäudes, das nachts wie eine massstablose Laterne leuchtet.

Von einem Objekt zu sprechen, das zugleich Laterne und Pavillon ist, heisst schliesslich auf die Arbeit von Philippe Meyer zurückzukommen, die in eine Materie-Arbeit verankert ist, deren sensorische Komplexität am Ende mehrere Bilder rund um ein gemeinsames Fragment vereinigt.

Genf, im November 2017

His work is not fed by images but materials assembled by the void or the joint that facilitates their coexistence. A material that is designed, squared, smoothed, assembled, woven, moulded, extruded, manufactured; a material that is more or less solid, more or less transparent, more or less raw.

These staggered material surfaces are designed as panels. The notion of a window, including Le Corbusier's lengthwise window, is a damaged idea. As with Mies van der Rohe, it is replaced by the mobile language of panels or racks; some slide, others do not, but they nevertheless all participate in constructing a boundary, as demonstrated by villa QDC 175, and the deployment of thickness rather than depth. Everything is mobile, including the glazed elements, the wall sections, the wardrobes, the screens and the guardrails.

Take the façade of the Psychology School. Look closely at how the metallic fabric (suspended above the ground floor) is held taut by a system of springs, and at the effect of the reversal of the angle. The mesh shell is not reversed. The angle whistles to the four winds. These large nets neutralise the scale of the building, serving as planes with no vertical border, no seams, while behind them is a criss-cross of bracing cables forming an ideogram. We find ourselves in frameless architecture. While in the classic tradition the frame stabilises our perception, the anti-frame allows the gaze to move freely. The resulting effect of floating consolidates the lodge-like nature of this eight-storey building, lit at night like a lantern beyond scale.

Talking about an object that is both lantern and lodge is to characterise the work of Philippe Meyer, in which the sensorial complexity brings together several images around the same object or fragment.

Geneva, November 2017

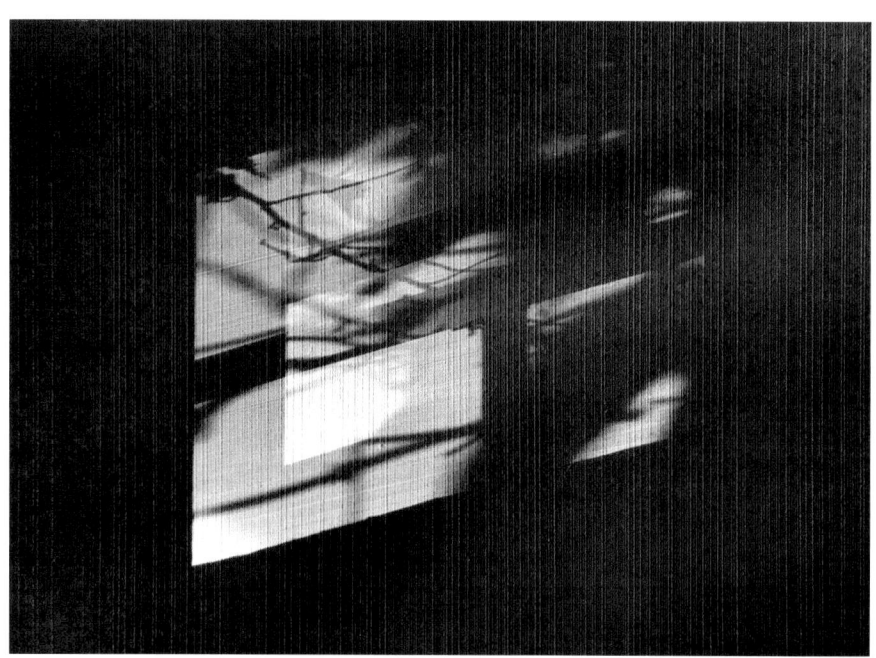

3

4

1 Le Corbusier: Unité d'habitation, Marseille, 2017
2 M.-J. Saugey: Crêts-de-Miremont, Genf / Geneva, 2017
3 Berlin, 2013
4 Quai de Cologny, Genf / Geneva, 2016

Modern, unvermeidlich modern
Jacques Sbriglio

[1] Ernest Renan, zitiert nach Claude Lévi-Strauss aus der Antrittsrede an der Französischen Akademie, 1974.

«Das Mittel, um in der Zukunft Recht zu haben, besteht zuweilen darin, sich mit der Tatsache bescheiden zu können, unmodisch zu sein.»[1]

In einer Zeit, in der es ausgesprochen modisch erscheint, «antimodern» zu sein, verschreibt sich die Wohnarchitektur von Philippe Meyer ganz im Gegensatz dazu selbstsicher und zwanglos dem Erbe der Moderne – einer Moderne, die weltweit die Sprache der Architektur verändern sollte, die die schnellen technologischen und gesellschaftlichen Veränderungen des 20. Jahrhunderts antizipierte. So bestand einer der grossen Brüche, die der Modernismus mit der Vergangenheit vollzog, darin, dass von nun an das Haus – und in logischer Konsequenz die Wohnung – im Zentrum der architektonischen Fragen stehen sollte. In diesem Zusammenhang sei an Le Corbusiers Büchlein *Une maison – un palais* von 1928 erinnert. Dessen Umschlag setzte den Projektwettbewerb «Société des Nations» in Genf (1927) mit einem kleinen Haus, tatsächlich einer Hütte am Rande des Bassin d'Arcachon, gleich.

Zu Beginn des dritten Jahrtausends kann man sich fragen, ob diese Moderne im Lauf der Zeit nicht zu einer neuen Klassik geworden ist und ob die Schweiz, die in grossem Masse zu ihrer Durchsetzung beigetragen hat, heute vielleicht ideal ist für ihre Bewahrung.

Die Wohnarchitektur von Philippe Meyer lädt uns ohne Zögern dazu ein, die Richtlinien des Modernismus neu zu lesen. Das gilt ganz besonders für seinen neusten Entwurf, nicht E-1027, sondern 175 QDC.

Fern jeden modischen Effekts und aller unnützen Gesten behandelt dieses Haus in seiner klassischen Schlichtheit, in der Rationalität von Grundriss und Schnitt die wesentlichen Fragen, die jedes Projekt aufwirft. Überdies veranschaulicht sein Ausdruck, verstärkt durch die neutrale Funktionalität, ein Absicht, die uns von den Ikonen des Modernismus her vertraut ist: durch die Reduktion der konstitutiven Elemente eine Hülle, eine Art von Gebäude, zu erhalten mit universeller Geltung.

Bei diesem Haus ist zunächst der Bezug auf das Gelände bemerkenswert: Die architektonische Form und die das Haus endlos verlängernden Seitenterrassen greifen die unerbittliche Horizontalität des Sees auf. Sodann ist da die Landschaft mit ihren drei ebenso horizontalen Streifen: der Wasserfläche, dem Profil des Bergs und dem Himmel, die der Entwurf des Fensterrasters Wert gibt. Der See und sein Licht eröffnen zwischen Reflexion und Transparenz viele Möglichkeiten, mit der Architektur dieses Hauses zu spielen.

Modern, necessarily modern...
Jacques Sbriglio

[1] Ernest Renan, quoted by Claude Lévi-Strauss on the acceptance speech to the French Academy (1974).

"The way to be right in the future is knowing at some point to be modest enough to be unfashionable."[1]

In a time where to be "anti-modern" seems to be a trendy posture, the residential architecture of Philippe Meyer is anchored in trust and freedom on the legacy of modernity. A modernity that agitated on a global scale the language of architecture by anticipating the social and technological changes that the twentieth century would soon experience. In this way, one of the great ruptures the modern movement may have caused in the architecture of the past, namely to place "the house" and consequently housing at the centre of architectural consideration. In this context, it is necessary to remember the small book by Le Corbusier, *Une maison – un palais* written in 1928, which placed on the same level the competition project for the League of Nations in Geneva in 1927 and the Cabanon, in fact a simple shed, erected close to Arcachon Bay.

At the beginning of the third millennium, we can consider that modernity has become a new classicism over the years and Switzerland, which has contributed to its success on a large scale, is perhaps its ideal place of preservation today.

In this way, it is a reinterpretation of modern movement codes that invites us without hesitation to the architecture of Philippe Meyer houses. And especially to the last of his conquests, not the E-1027, but the QDC 175.

Actually, far from imitating fashionable effects and useless gestures, this house addresses essential matters for any project with all its classic simplicity and the rationality of its plan and section, the essential aspect of every project. Furthermore, its expression, heightened by its neutral functionalism, reveals an intention that we know from the icons of modernism: reducing the constitutive elements to produce an envelope, a type of building, that is recognised as universal.

In this case, the project's reference to the territory is notable. The architectural form and the endlessly elongated side-terraces pick up on the relentless horizontality of the lake. Then there is the landscape with its three equally horizontal lines: the water surface, the mountain profile and the sky that enhances the design of the window grid. The lake and its lights allow one to play with the architecture's reflections and transparencies.

Moreover, the fact that the building does not deny its references allows us to recall the Farnsworth House and the Villa Tugendhat by Mies van der Rohe.

Es kommt noch die Tatsache hinzu, dass die Architektur dieses Hauses ihre Bezüge nicht verleugnet. Man kann Bezüge auf das Haus Farnsworth und die Villa Tugendhat von Mies von der Rohe, aber auch auf Louis Kahn und seine Theorie der Unterscheidung zwischen dienenden und bedienten Räumen und schliesslich auf Le Corbusier erkennen – man denke an das berühmte «kleine Haus», die Villa Le Lac in Vevey. Bemerkenswert ist auch der grossartige Sinn für Details, der in der Umsetzung durch eine geschickte Konfrontation von Materialien und Farben transzendiert wird und so auf eine Art Ästhetik des Verschwindens, ja sogar der Abstraktion, hinausläuft, die nicht ohne Bezüge auf die japanische Architektur, die Malerei eines Hans Hartung oder eines Pierre Soulages ist.

Schliessen möchte ich mit einem Zitat von Benoît Goetz aus seinem Buch *Théorie des maisons*, bei dessen Lektüre man entdeckt, dass die Architektur des Hauses kein Problem des Aspekts und auch nicht der Form, sondern der Entsprechung von Form, Raum und Nutzung ist: «Wenn man hoffen will, sich auf das Bauen zu verstehen, muss man sich zunächst auf die Suche nach dem Wohnen begeben. Was geschieht, was ereignet sich durch die soliden Konstruktionen, die uns enthalten? [...] Ich bezeichne also ‹Haus› hier als eine Weise des Seins im Raum oder, um wie die Phänomenologen zu reden, eine Weise des Daseins, eine Welt zu konfigurieren.»

Cité Radieuse, Marseille, im März 2017

Louis Kahn and his theory of distinction between Servant and Served spaces, and also Le Corbusier are evident – for instance the famous "little house" known as the Villa Le Lac in Vevey. The great sense of detail is also striking, as transcended in the sophisticated confrontation between materials and colours, ending in a kind of aesthetic of disappearance, even abstraction, which in turn recalls references to Japanese architecture, or the painting of Hans Hartung and Pierre Soulanges. To conclude, I would like to quote from a book by Benoit Goetz, *Theorie des maisons*, since when reading his texts, one realises that the architecture of the house is not a problem of look or form, but of the suitability of form, space and use: "If we expect to know how to build, first we should seek to inhabit. What happens, what occurs through the solid structures that contain us? Thus I call a 'house' a way of being in a space or, speaking phenomenologically, a way for the existence to configure a world."

Cité Radieuse, Marseille, March 2017

Aufstockung Wohngebäude, Genf
CLS_R115/08

Der in den 1980er Jahren erbaute Baukörper ist ein Ensemble von *Town Houses*. Den Baukörper aufzustocken bedeutet, sich für die Idee der Erweiterung zu entscheiden – ohne Nachahmung. Aufstocken bedeutet hier, das etwas hinzugefügt, etwas überlagert wird – und dass diese «Ergänzung» ungeachtet aller formellen Fragen die statischen Vorschriften der bestehenden Konstruktion respektieren muss.

So wurde «leicht» zum Leitwort des Projekts. Leicht in Bezug auf die gewählte Konstruktionsweise; leicht im Hinblick auf die Wahl des Holzrahmenbaus, der in der Werkstatt zusammengesetzt, zur Baustelle transportiert und vor Ort in einem kurzen Zeitraum montiert wurde, um das aufnehmende Dach nicht zu beschädigen.

Leicht hinsichtlich der Verkleidung. Im Gegensatz zu einem Gebäude aus Sichtbeton wurde hier ein Verkleidungsmaterial verwendet, das je nach Lichteinfall eine Vibration erzeugt: vorbewitterte Zinkbleche mit abwechselnd konkaven und konvexen Faltungen. Die Bleche wurden über den Rand des Dachs hinaus verlängert und werden so zur Fassade, verleihen dem Ensemble eine stärkere Einheitlichkeit.

Leicht im Ausdruck: Der Rhythmus in dieser Konstruktionsweise ermöglicht grosse Fensteröffnungen, die den Blick in die weite Ferne ebenso rahmen wie jenen in die gebaute Landschaft oder die grüne Umgebung.

Hier wurde aus der Konstruktion ein Obdach, ein bewohntes Dach, gemacht.

Heightening of town houses, Geneva
CLS_R115/08

Built in the 1980s, the project is based on a series of town houses. Elevating this structure means deciding in favour of the concept of extension rather than imitation. Heightening, read adding, superimposing, means that beyond formal questions, this "complement" to the existing structure must comply with load-bearing constraints.

"Light" therefore becomes the watchword of this project. Light in terms of the adopted construction method. Light with respect to the timber load-bearing structure assembled in the workshop, before being transported and installed on-site in a short time to avoid damaging the existing roof.

Light in terms of the facing. In contrast to a fair-faced concrete building, cladding material is used here made of pre-weathered zinc. Once installed in alternating concave and convex folds, it creates a vibration effect in the materials depending on the light conditions. The metalwork at the edge of the roof is extended to become the façade, giving the ensemble a greater sense of unity.

An expression of lightness. The choice of rhythm used in this construction allows the insertion of large window openings, providing framed views of the surrounding cityscape, the countryside and the green environment.

A structure has been turned into a shelter, an inhabited roof.

Ausführung / Construction: 2008
Bauherr / Client: privat / private

Transformation und Sanierung Industriegebäude, Genf
SIP_R059/06

Wie entscheiden, was bleiben oder was verschwinden soll? Die Entscheidung zur Erhaltung um jeden Preis ist nur sinnvoll, wenn klar ist, dass die Zerstörung aus politischen, finanziellen oder technischen Gründen nicht durchsetzbar ist.

Die SIP (Genfer Gesellschaft für Physik Instrumente) sollte als ein Ensemble wahrgenommen werden, das zu einer einzigen, klar abgegrenzten räumlichen Einheit – deren Zustand heute noch unverändert ist – und zu einer heute verschwundenen, einzigen, funktionellen Einheit gehört. Bleibt somit ein zusammengewürfeltes Ensemble, dessen Qualität zu Recht in der Anerkennung dieses Zustands besteht.

Statt zu versuchen, die Funktionen und die Bauten zu vereinheitlichen, wurde der Baucharakter, den der Ort über die Zeit angenommen hat, als Einzigartigkeit betont.

Die konstitutiven Elemente der ursprünglichen Architektur zeigen sich vor allem in der Entscheidung für Beton – entsprechend dem ersten Gebäude des Ensembles aus den 1920er Jahren; und in der Verzierung der Stahlfenster mit T-Profilen, die dem Ensemble eine bemerkenswerte Einheitlichkeit geben.

Das Bemühen wurde darauf gerichtet, diese charakteristischen Elemente zu erhalten, ohne Nachahmung zu betreiben. So wurden die zerstörten oder vermauerten Fenster nicht wieder aufgebaut, sondern durch grosse ungeteilte Fensteröffnungen ersetzt.

Da das Ensemble unter Denkmalschutz steht, mussten keine strengen Wärmestandards eingehalten werden. Um jedoch einen gewissen Komfort zu gewährleisten, wurden die erhaltenen Profile – die keine Doppelverglasung aufnehmen konnten – mit neuen Fenstern verdoppelt. Über die gesamte Höhe und Breite der Innenseite der Fensteröffnungen wurde eine einfache Schiebeverglasung gesetzt.

Schliesslich noch ein zeitgenössisches Zeichen: Der Treppenraum wurde durch ein ausgeprägtes Oberlicht erhöht, das das Licht einfängt und eine Aussicht auf die Stadt ermöglicht.

Transformation and renovation of an industrial building, Geneva
SIP_R059/06

How to decide what should stay and what should disappear? Trying to retain elements at any cost is only meaningful if its destruction is impossible, be it from a political, financial or technical point of view.

The SIP (*Société genevoise d'instruments de physique*) was to be understood as an ensemble belonging to a single clearly-defined spatial entity – in a condition that remains unchanged today – and to be considered part of a single functional entity that no longer existed. What remained was a motley ensemble whose quality lied in the recognition of this condition.

Instead of attempting to homogenise the functions and structures, the importance of preserving the structural character that the location has gradually assumed becomes clear to reveal the unique character it represents.

The constituent elements of the original architecture are primarily represented by the use of concrete from the 1920s, the original date of development, and in the use of the steel T-sections for exterior carpentry, giving the ensemble a quite remarkable unity.

Effort is made to retain these characteristic elements without imitating them. Thus, destroyed or walled-in windows are not reconstructed and instead replaced by undivided window openings.

As the building is preservation-listed, strict compliance with the thermal standards is not required. Nevertheless, to ensure a certain level of comfort, the maintained profiles, unsuitable for double-glazing, are doubled using sliding single glazing in the interior, covering the entire height and width.

Finally, a contemporary gesture raises the stairwell to create a large skylight, capturing the light and offering a view over the city.

Ausführung / Construction: 2006
Bauherr / Client: CIA Genève
In Zusammenarbeit mit /
In collaboration with:
dl.ch architectes

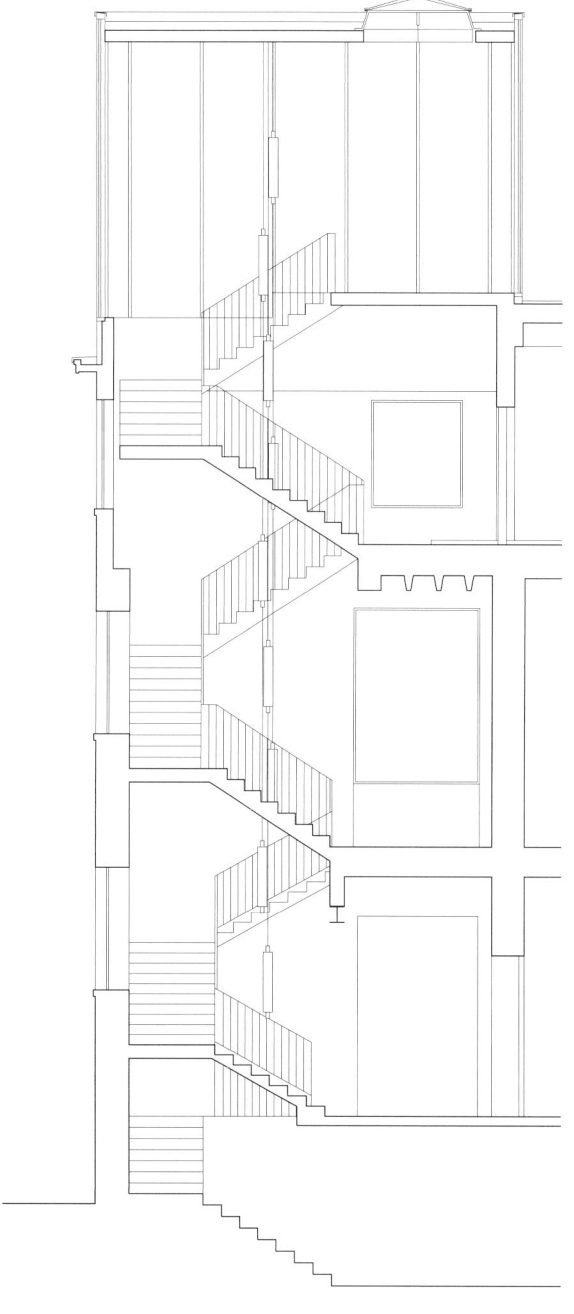

Studentenhaus, Montreux
FRM_R147/13

In Montreux, zum See und den Alpen hin ausgerichtet, lehnt sich das Gebäude an den Hügel und weist eine einheitliche Fassade auf.

Unter ein anderes Gebäude eingeschoben, befand sich eine ehemalige, stillgelegte Klinik, die in ein Bürogebäude umgewandelt worden war und 35 Studiowohnungen für die Studenten einer Hotelfachschule beherbergen sollte. Wie es so an der Felswand hängt und sich nach aussen gibt, stellt das Projekt eine untere Erweiterung des aufgesetzten Gebäudes dar.

Der erste Baueingriff bestand darin, das obere Gebäude abzustützen, um den Abbruch darunter zu ermöglichen. Dann wurde schrittweise eine Struktur von Zellen erstellt, die sich in einem vorgegebenen Raster wiederholen. Die Studentenapartments sind an der Fassade durch einen weitläufigen Balkon-Laubengang verbunden, der die Studios nach aussen erweitert. Als Ort der Begegnung und der Erschliessung verleiht dieser Laubengang dem Gebäude eine gewisse Einheitlichkeit.

Die kompakten, reduzierten Studios, die paarweise in die zwischenzeitlich tragende Konstruktion eingefügt sind, weisen im Wohnbereich eine Mauer aus lasiertem Sichtbeton und eine Wand mit Tannenholzverkleidung auf. Hinzu kommen eigens konzipierte Möbel für Mehrzwecknutzung. Gegenüber liegt der Schlafbereich: Doppelzellen, die sich je zwei Studenten teilen, mit separaten Nasszellen. Möbel und Raum gehen hier ineinander über.

Verschiebbare Fensterläden schützen die weitgehend offene Aluminiumfassade und gewähren eine einheitliche Belichtung, sie sorgen für Reflexionen, Ausblick und Privatsphäre. Durch die zufällige Bewegung der individuellen Nutzung verändert sich das Erscheinungsbild der Fassade ständig.

Student house, Montreux
FRM_R147/13

In Montreux, overlooking the lake and the Alps, a construction backs onto the hill, clinging to it with only a single façade showing.

Slipped under another building that is almost stacked on top of it, a disused clinic, transformed into an office block, was to make way for 35 studios intended for students of a hotel school. Clinging to the cliff and mirroring its outline, the project becomes a singular underlying extension of the building above.

The first measure involves supporting the building to facilitate the necessary demolition. Then, a structure is gradually developed to house the units in a repetitive grid pattern. The student apartments housed in the building are accessed via the main façade by means of a balcony walkway that forms the outside extension of each studio. A meeting and accessing space, giving the building a certain unity.

In the living area, the compact western studios are inserted in pairs between the structural elements and have one glazed, rough concrete wall and one pine-clad wall. The furniture is specially designed for versatile use. In the adjacent sleeping area, the double units shared by two students have double sanitary areas, merging furniture elements and space.

Positioned along the railing, the sliding shutters protect the largely open aluminium façade while regulating light, reflection, views and privacy. The appearance of the façade constantly changes due to the random movement of their individual use.

Ausführung / Construction: 2013
Bauherr / Client: privat / private

Bild links / Image left:
Lac Léman, Montreux, 2012

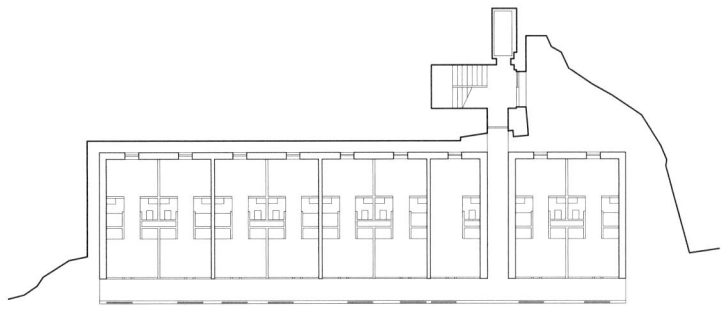

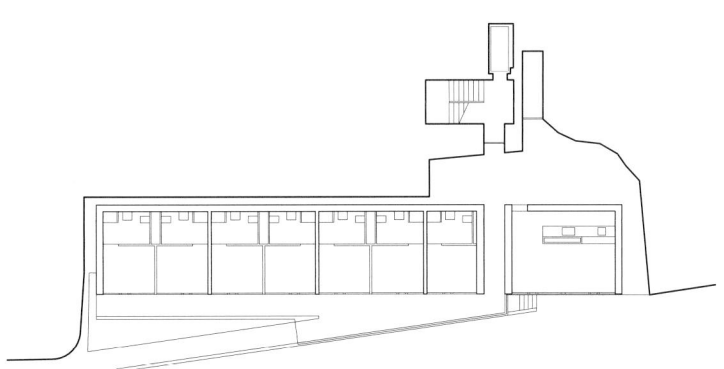

43

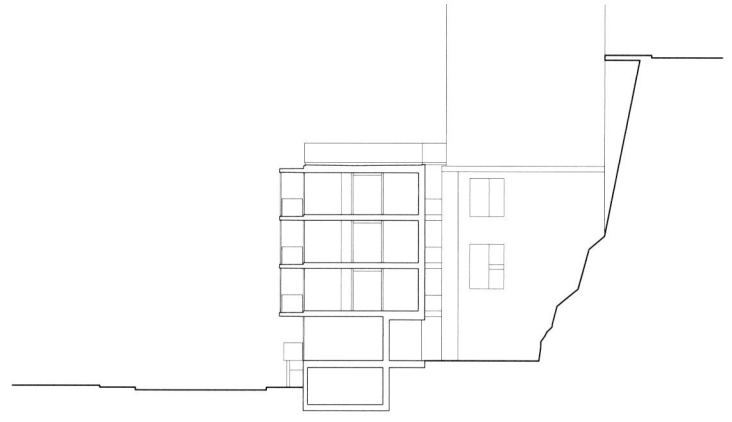
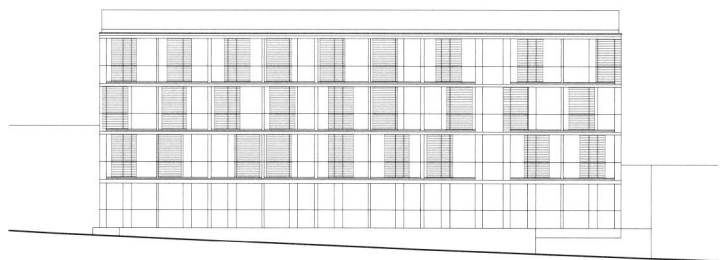

Einfamilienhaus, Vandœuvres
ECC_R133/11

Private house, Vandœuvres
ECC_R133/11

Ausführung / Construction: 2011
Bauherr / Client: privat / private

Das Haus befindet sich an der äussersten Grenze des trapezförmigen Grundstücks, das durch seine Hanglage zwei Zugangsebenen erlaubt. Unterhalb erweitert sich die Zufahrt über die Garage hinaus durch einen inneren Patio, der Tageslicht in die Räume des unteren Niveaus dringen lässt. Auf der gegenüberliegenden Seite, auf dem höher gelegenen Teil des Grundstücks, befindet sich der Fussgängerzugang mit Aussentreppen. Diese führen zum Haupteingang, der sich als «Aushöhlung» vom Baukörper abhebt.

Das Haus gliedert sich in zwei zusammengefügte Baukörper: Der erste, aus lindgrünen vorgefertigten Betonelementen erstellt, bildet den tragenden Kern, der durch die drei Geschosse durchgeht. Der zweite, ebenfalls in Beton erstellt, ist abgehängt und kragt über die Fassaden hinaus, die eine ausreichende Belichtung garantieren.

Der Schalungsboden ist ansprechend mit Travertin verkleidet. Die Fassaden werden von grossen Fensterrahmen aus Massivholz durchbrochen, die sich zur nahen und fernen Umgebung öffnen. Die Filterelemente, die aus derselben Holzart bestehen, verkleiden die Fassaden, bieten einen guten Sichtschutz und verschwimmen so auch mit der Umgebung.

Jede äussere Erweiterung, die für die verschiedenen Räume nötig wäre oder sie ergänzen würde, wurde konzipiert, um das Grundstück zu bebauen und dem Ensemble Stabilität zu verleihen.

Das Schwimmbecken nutzt wiederum die Lage des Geländes, um die Volumina des Patios und der Garage unterhalb des Grundstücks zu komplettieren. Von gleicher Länge wie die Loggia des oberen Geschosses, ist das Schwimmbecken gewissermassen dessen Projektion.

Located at the very tip of a trapezium-shaped land parcel, the plot has the typological particularity of offering two access levels due to its sloping topography. Below, the vehicle access is extended beyond the garage by a patio providing natural light to the areas on the base level. On the opposite, upper section of the property, a pedestrian access is complemented by a flight of steps leading to the main entrance characterised by a recess in the built volume.

The house is structured in two combined units. The first, in lime green precast concrete, forms the load-bearing core through the three floors of the building. The second, also in concrete, is suspended and cantilevers over the façades. The volume ensures sufficient natural light and the formwork floor has travertine cladding.

The façades are perforated by large window frames made of solid wood that open out towards the nearby and distant landscape. The same wood is used as filtering elements for façades, providing good privacy and thereby blending into the environment.

Each of the external extensions to the different areas, necessary or complementary, is used to structure the property, adding stability to the ensemble.

The swimming pool also uses the topography to complement the volumes of the patio and garage below the plot. Equal in length to the loggia on the upper floor, it forms, in a way, a projection of that element.

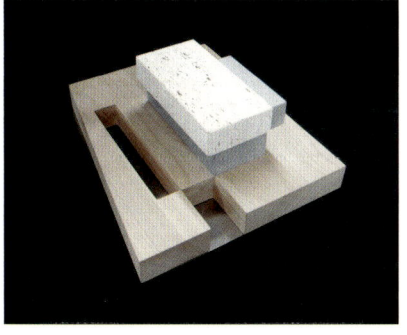

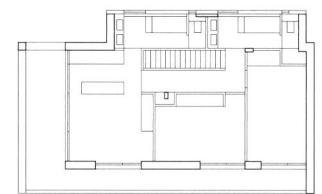
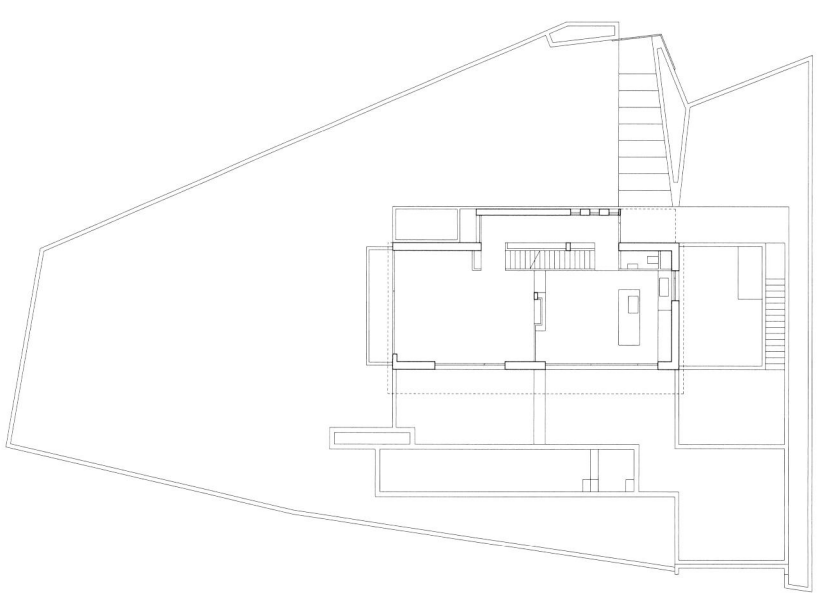
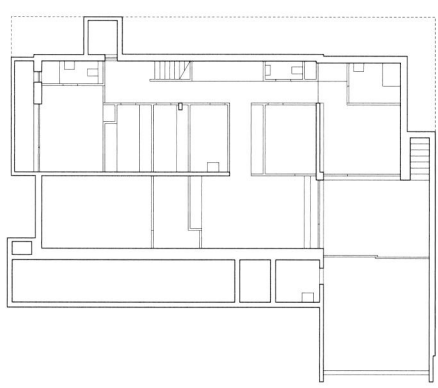

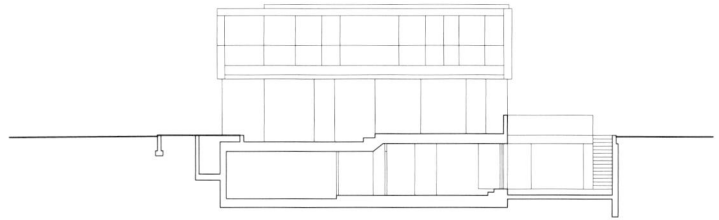

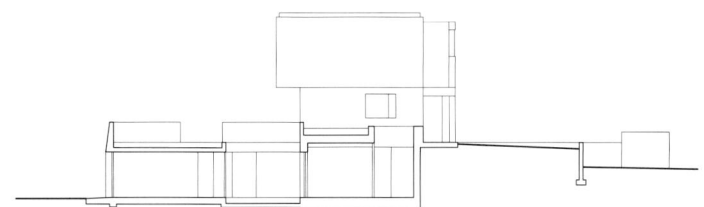

Doppelwohnhaus, Collonge-Bellerive

CHV_R130/12

In eine bereits dichte Bebauung wurde ein System aufgenommen, die Fragmentierung eines zusammengesetzten Rasters. Für beide gebauten Einheiten ist ein zentraler offener oder überdachter Luftraum vorgesehen, ein für Licht sorgender Patio, sowie vorgegebene Wege und der Verzicht auf ein Untergeschoss. Aus Bedarfsgründen doppelt bauen, aber in die Verdoppelung Doppeldeutigkeit aufnehmen – und so die gemeinschaftlichen Grenzen verwischen.

Anheften und loslösen, auf dass zwei individuelle Einheiten lesbar sind, die zu demselben Projekt, einem Ensemble, gehören. Aus der Erde den Sockel schaffen, der das Haus trägt. Für den Wohnbereich, den Schlafbereich, den Empfang einen Boden benützen, der Volumina und Flächen zerlegt und alle Ebenen zueinander in Bezug setzt.

Einen geschlossenen, überdachten Innenraum schaffen, der in einen offenen, umrahmten Aussenraum übergeht und mit diesem verwechselt werden kann.

Für den Schlafbereich, eine verbundene und getragene Einheit, die das Licht des zentralen Patios einfängt und Durchblick auf beide Gärten bietet – den Garten vom Eingangsbereich und den eher privaten Garten, der den Wohnbereich erweitert.

Die von einem Betonsockel getragene Konstruktion definiert die Stützmauer, verwendet zwei Arten von vorgefertigten Betonelementen, Verbundmauern, deren Körnung die horizontale Aufteilung in ein hochragendes verankertes Volumen und ein sanft gestelltes Volumen zeigt.

Das Paar, aus dem die beiden gebauten Einheiten bestehen, ähnelt sich in der Einheitlichkeit der Komposition, unterscheidet sich aber durch die unterschiedliche Verwendung des Rasters von 6 x 6 Metern, das vielfältige Kombinationen zulässt.

Twin houses, Collonge-Bellerive

CHV_R130/12

A system, the fragmentation of a composite grid, is incorporated into an already dense development. It includes an empty central space, either open or closed, for each of the two built units, a patio providing light, defining circulations and denying the basement. The project builds double by necessity, while understanding the duplicity in duality, blurring in this way the adjoining volumes, its common boundaries.

Attach and detach to read two individual entities belonging to the same project, that of an ensemble. Understanding the ground as the base that bears the house. Turning the living area extension into an evening area for receptions, a prestigious space. Borrowing a ground that intersects the project's volumes and surfaces, connecting the different levels.

Combining an enclosed, sheltered indoor area with a framed, open, outdoor area.

Making the sleeping area both a connected and cantilevered entity, projecting into the garden in the light of the central patio and enjoying a constant cross view over the two gardens – the first bordering the entrance and the second, more private, serving as an extension of the living room.

Supported by a concrete base, the construction uses two types of precast concrete in composite walls with a pattern that reflects a horizontal division for the emerging, anchored volume and another one delicately laying over it.

Both constructions are similar in their unity of composition and dissimilar in the different uses made of the grid, a 6 m x 6 m system enabling multiple combinations.

Ausführung / Construction: 2012
Bauherr / Client: privat / private

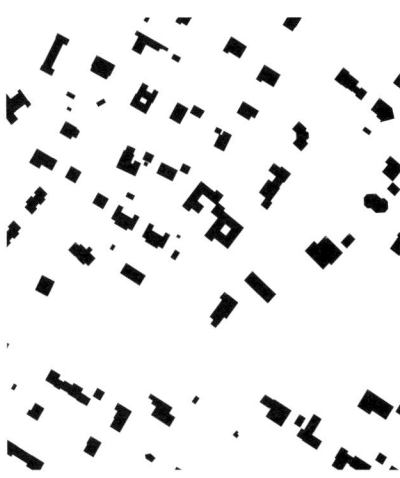

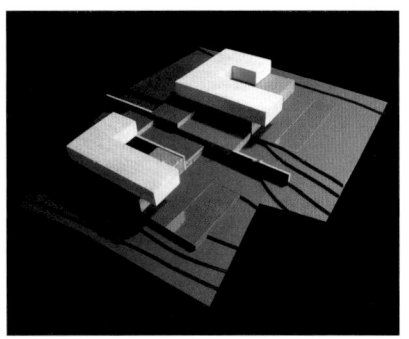

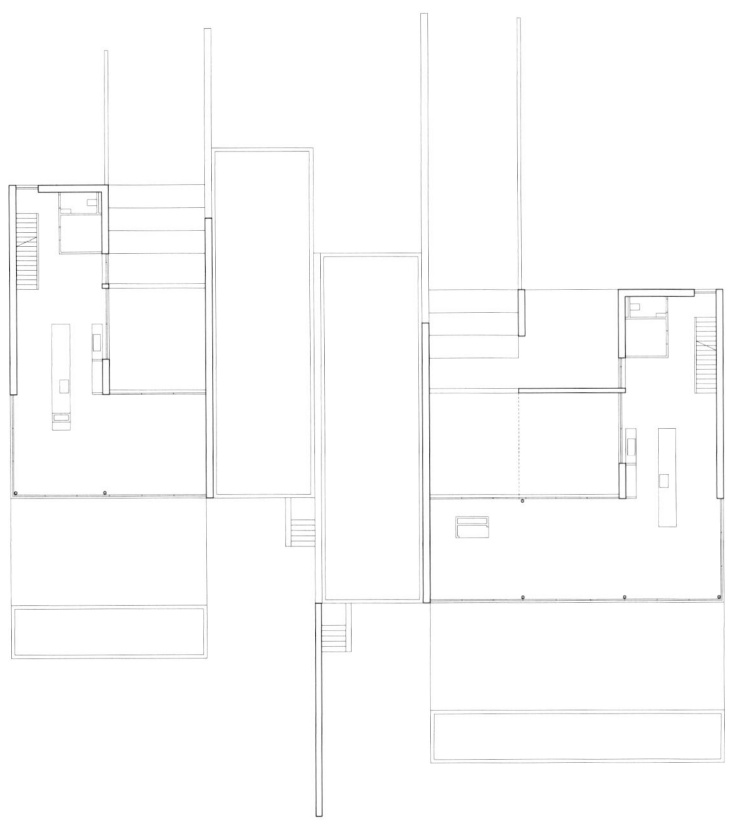
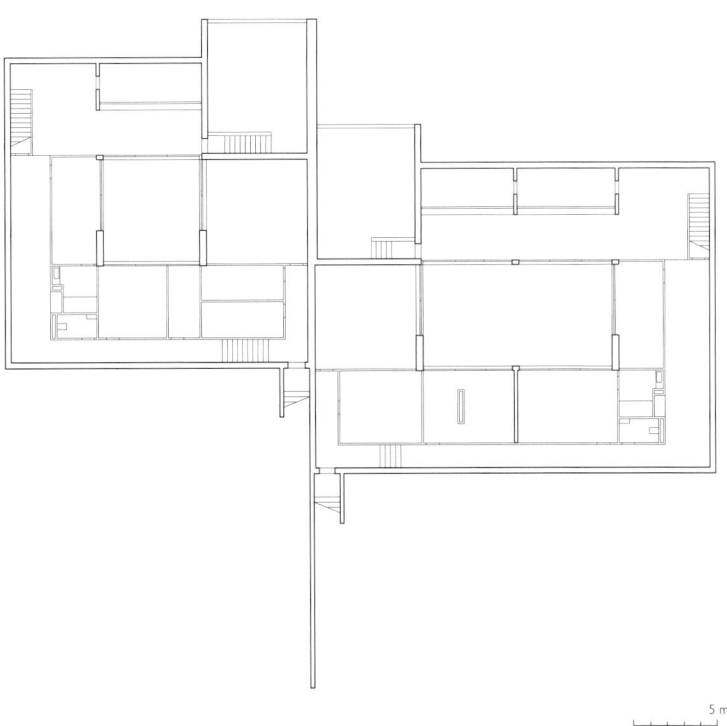

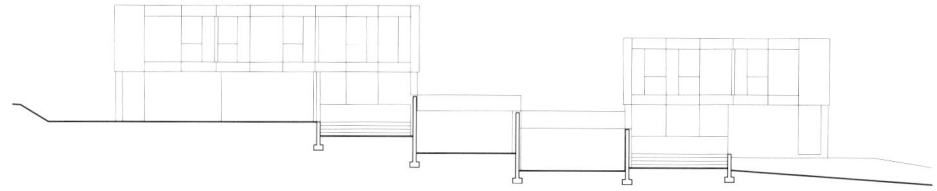
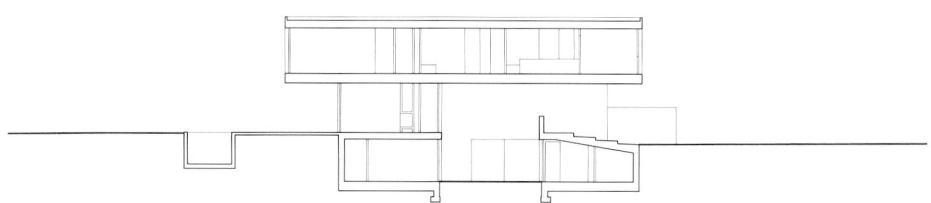

Stadthaushotel, Genf
EDM_R170/16

Town house hotel, Geneva
EDM_R170/16

Wir haben einen verlassenen Hof, einen vergessenen Hof im Hintergrund eines Korridors, geerbt: einen Nicht-Ort. Wir mussten ein Raumprogramm entwickeln, um dem Ort wieder Leben einzuhauchen. Die Architektur, so glauben wir, dient auch dazu. Ein reichhaltiges Thema: ein Stadthaus, das Gästezimmer beherbergt.

Der Hof wurde in Höhe und Tiefe vergrössert. Und über die festgelegte Form hinaus haben wir uns für eine einzigartige Materialität entschieden. Von jeder sichtbaren Seite aus wandelt sich das Dach mit seiner Kupferblechverkleidung so zur Hauptfassade. Das Dach hat sich sozusagen ausgebreitet, um dem Ensemble eine abstrakte Geometrie zu verleihen. Ziel war es, zu zeigen, dass es auch in einer historisch nahezu erstarrten Situation möglich ist, eine zeitgenössische Definition des Raums und seiner Darstellung zu erreichen.

Die schwierige, mühsame, schwer zugängliche Konstruktion verlangte den Einsatz edler, aber schlichter Materialien, die einem unkonventionellen Vokabular entnommen sind: eine Stampfbetonverkleidung für die Stützmauern; eine Ziegelverkleidung für die Mauern und für den Boden des bepflanzten Hofs; eine Kupferblechverkleidung für das Dach und für die freiliegenden Fassaden; eine rohe, gebogene und gewachste Stahlverkleidung, die die Decke des Zugangskorridors einhüllt, dessen Mauern mit Lehm und Mörtel beschichtet sind, sodass sich Sanftheit und Rauheit abwechseln.

Indem wir die Verbindung zu der ehemaligen Strasse wieder herstellen, schreiben wir uns in die Kontinuität der Stadt ein, die noch immer gebaut wird.

Ist der Hof das Haus?

We inherited an abandoned courtyard, a forgotten courtyard at the end of a corridor, a non-place. We had to invent a programme to reveal it, to breathe new life into it. We feel that architecture also serves this purpose. A rich theme: the installation of a town house to accommodate guestrooms.

Vertically and underground, the courtyard grew and, beyond the form imposed on us, we chose to implement a single materiality. Visible from all sides, the roof became the main façade, covered with copper, spreading to a certain extent to give the whole ensemble a geometric abstraction. The aim was to demonstrate that in a nearly frozen historical situation, it was still possible to offer a contemporary definition of space and its representation.

Through considerations of appropriateness, a difficult, arduous construction built far from any easy access led to the use of refined yet simple materials, drawn from an offbeat approach: retaining walls dressed in beaten concrete; decorative brick for the walls and floors of a plant-lined courtyard. Copper covering the roof and exposed façades. Steel cladding, arched and waxed, enveloping the ceiling of the entrance corridor with the walls clad in clay and mortar, alternating the rough with the smooth.

In reviving the link that previously existed with the street, we have therefore opted for continuity with the city that is endlessly building on itself.

Is the courtyard the house?

Ausführung / Construction: 2016
Bauherr / Client:
Nest Living Concept, Genf / Geneva

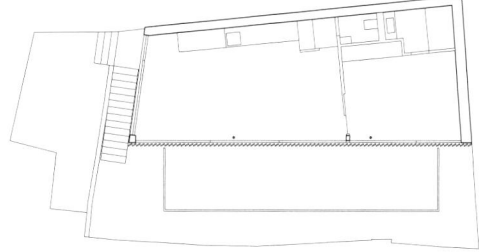

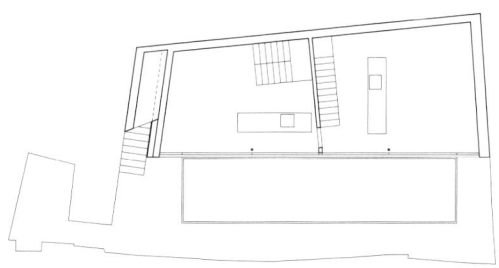

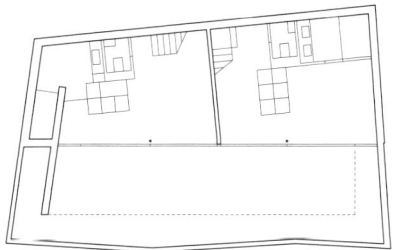

5 m

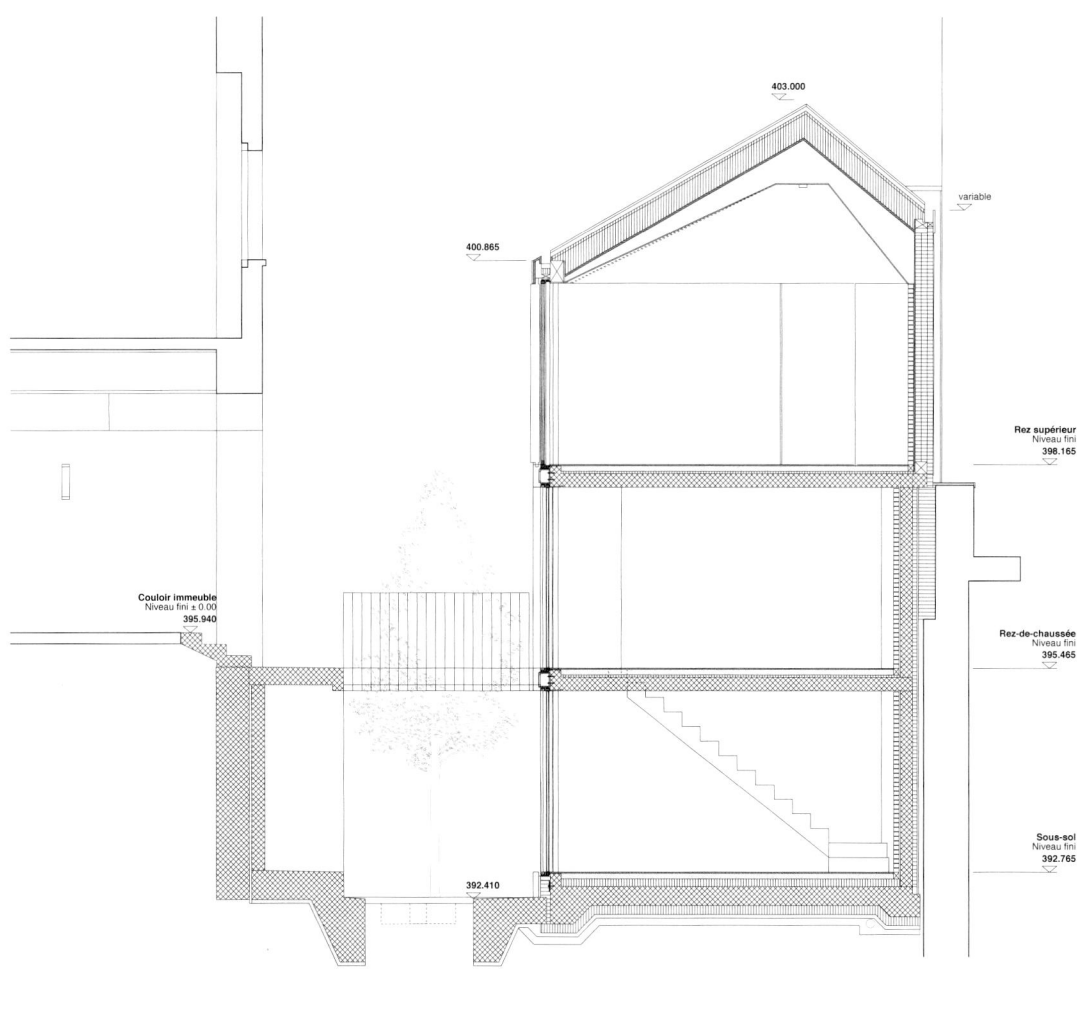

Einfamilienhaus, Cologny
QDC_R175/16

Dieses Projekt ist eine Metamorphose. Die Metamorphose eines Ortes, der als unbewohnbar bezeichnet wurde, einfach weil er vermeintlich unbewohnt war – dabei war er von der Landschaft bewohnt. Und genau diese vom Horizont geprägte Landschaft bestimmte alle Eingriffe.
Die erste Offensichtlichkeit: öffnen. Öffnen zur Aussicht, zur Luft und zum Licht. Öffnen zum Raum, zur Weite des Geländes.
Die Umwandlung erfolgte durch Abriss. Schritt für Schritt fielen die Mauern, die den Raum einengten, und gaben ihn frei. Es galt nur, die regelmässige, gut aufgeteilte Struktur zu erhalten und weiter zu nutzen.
Erst einmal gestützt und überdacht, musste sie nur noch ergänzt werden, um das Äussere und das Innere zu vereinen. Dieses Haus ist eine Mimesis!
Das erhöhte Geländer zeichnet eine parallele Linie und verschwimmt mit dem See. Diese horizontale Linie, die den See begleitet, ist eine Verlängerung in die Landschaft.
Die Materialien, die jede Wand verkleiden, sind von der Belichtung bestimmt und spielen mit Variationen, die Lehm, Harz und Holz kombinieren. Von einer Glasfassade umhüllt, verteilen sich die Räume ohne Zäsur auf einem durchgängigen Boden aus Travertin, der die Grenze zwischen Innen- und Aussenbereich verschwimmen lässt...
Das ist aber kein Glashaus, eher eine Spiegelung auf der Wasseroberfläche.
Ist der See das Haus?

Private house, Cologny
QDC_R175/16

This is a metamorphosis. Of a place described as uninhabitable, simply because it was uninhabited, but inhabited by a landscape. And it is this very landscape with its own horizon that dictates each intervention.
The obvious place to start was to open the site. Open it to the view, to light and air. Open it to space, to the scale of the surrounding land.
The transformation is achieved through demolition. Gradually, the walls restricting the space are pulled down and the space is unshackled. All that remains is to maintain and use a regular and well-organised structure.
Supported and covered, it is to be completed by blending interior and exterior elements. This villa is mimetic!
The parallel line of the raised railing unites with the lake. The horizontal circulation accompanying the lake is like an extended guide into the landscape.
The materials covering the surface of each wall are determined by the light playing on them and call on a range of variations combining clay, resin and wood. Wrapped in a continuous glass façade, the different spaces are arranged on a continuous travertine carpet, erasing any boundary between interior and exterior...
Thus it is not a glass house but a reflection on the water mirror of the lake.
Is the lake the house?

Ausführung / Construction: 2016
Bauherr / Client: privat / private

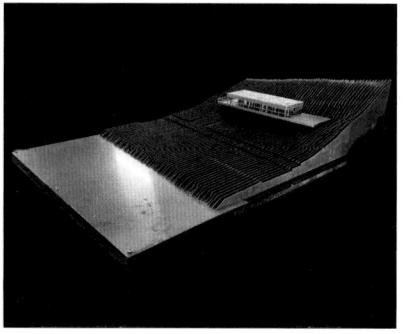

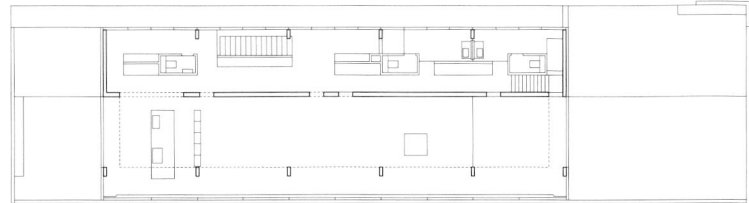
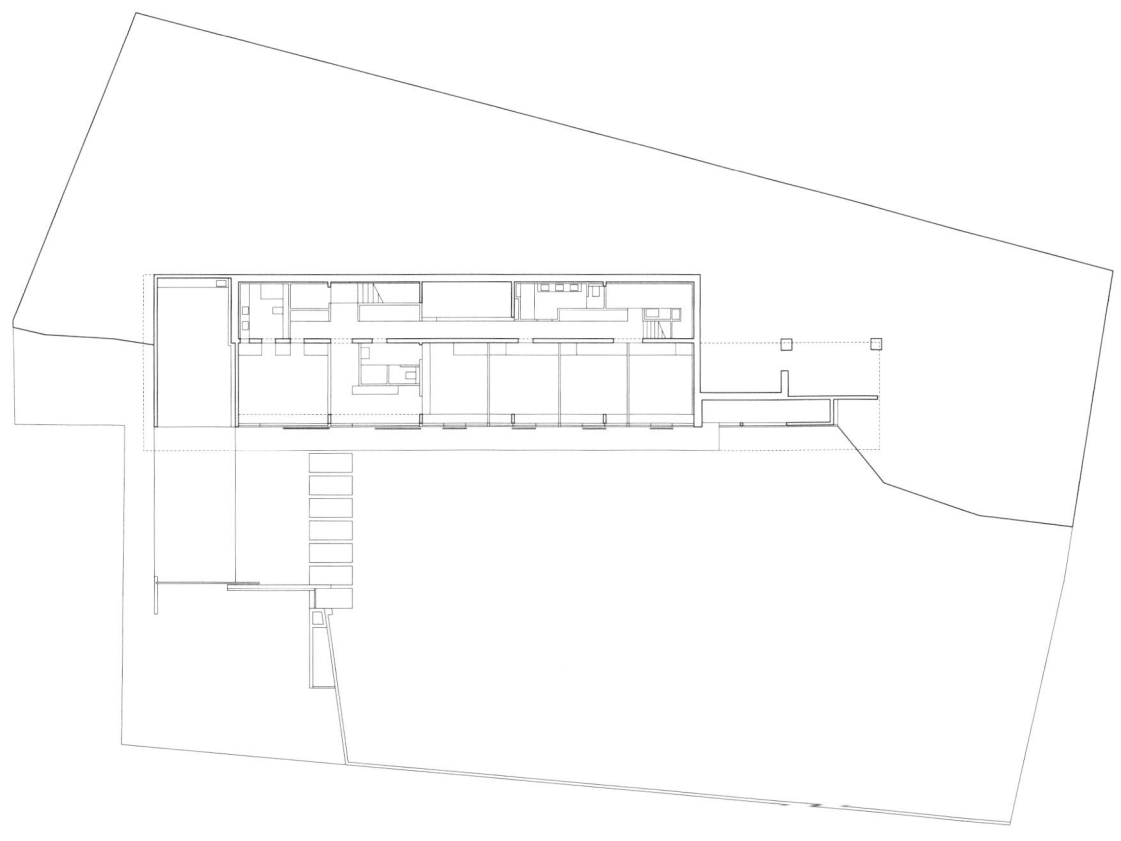

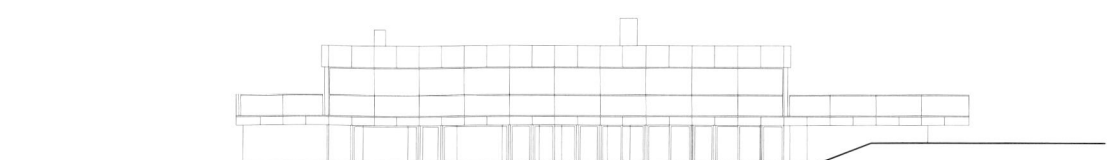
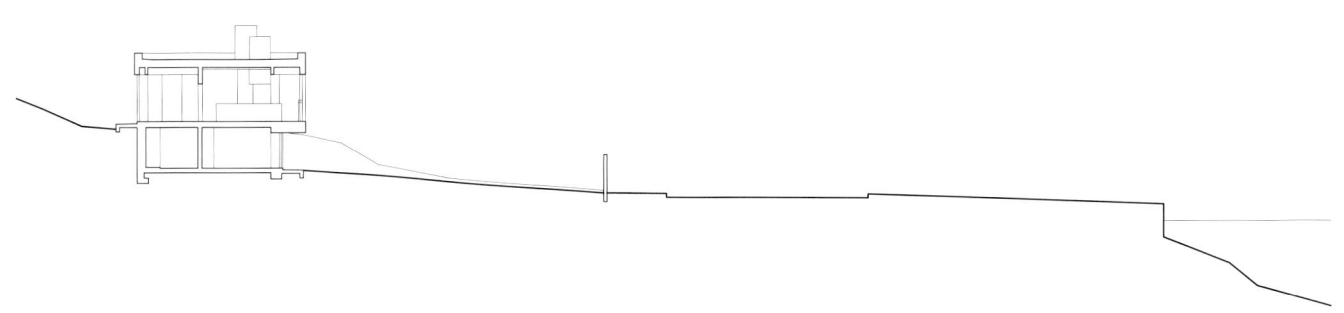

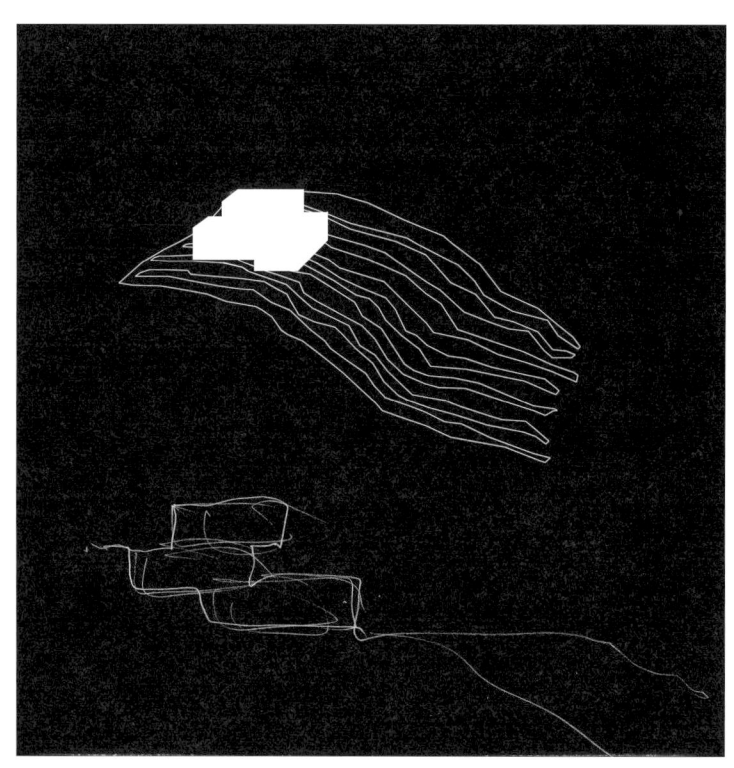

Mehrfamilienhaus, Vernier
VNR_R192/18

Apartment house, Vernier
VNR_R192/18

Ausführung / Construction: 2018
Bauherr / Client: privat / private

Ein Haus. Es steht auf einem steilen Hanggrundstück, das zur Rhone führt. Ein Mehrfamilienhaus, ein Haus mit Wohnungen, das den häuslichen individuellen Massstab des baulichen Gefüges nicht durch die Reproduktion des Mietshaus-Archetyps mit Eingangshalle, Briefkästen und Türsprechanlage ersetzt. Hier sind diese Funktionen verteilt: Die Halle ist der Aussenraum zwischen den Flügeln, die als ein zentraler Patio festgelegt ist, der für Licht und Luft sorgt. Die gemeinsame Garage bildet einen Vorplatz, der mit bepflanzten Keramikbecken gestaltet ist.

Die sieben Wohnungen verteilen sich auf drei unterschiedlich zusammengestellte Einheiten. Beidseits des zentralen Erschliessungsgangs erhebt sich je ein Baukörper, in dem sich zwei eingeschossige Wohnungen befinden. Diese Wohnungen haben je eine doppelte räumliche Beziehung: Eine führt vertikal zu einer Dachterrasse und die andere horizontal zu einer äusseren Erweiterung. Diese Erweiterung ermöglicht einen Dach-Hauptzugang des dritten Baukörpers, der sich an der Grenze des Hangs erhebt und in dem sich drei zweigeschossige Wohnungen befinden.

Um Kompaktheit und Schutz zu bieten, öffnet sich das Haus nur zur Landschaft hin. Die seitlichen und hinteren Fassaden verfügen über kleinste Fensteröffnungen, die mit Holz verkleidet sind, wohingegen die Fensteröffnungen, die den Ausblick rahmen, aus Aluminium bestehen – wie bei Schiebefenstern und Loggien.

Auf eine Aussendämmung wurde verzichtet. Ausgehend von einem Betonkern, bestehen die Aussenwände aus monolithischen Bimssteinziegeln, die mit Steinwolle gedämmt und mit grünlichem mineralischem Kratzputz bedeckt sind, der die Farbtöne des Ortes vervollständigt.

A house. Nestling on a steep hillside sloping down to the Rhône. An apartment house that does not replace the domestic and individual scale of the built fabric by the reproduction of a rental archetype – with its entrance hall, letterboxes and interphone. Here, these functions are distributed: the hall is the exterior space between each wing, serving as a central patio, providing air and light. The shared garage forms the forecourt lined with ceramic pots filled with plants.

The seven apartments occupying the building are divided into three distinct and assembled units. The central walkway is lined on either side by two units consisting of two single-storey apartments demarcating the entrance courtyard. These twin apartments form a dual relationship with the surrounding space, the first stretching vertically with a roof terrace and the second horizontally with an outdoor extension. This extension enables a rooftop access to the third volume, standing at the edge of the slope and housing three duplex apartments.

With a view to ensuring compactness and protection, the villa is only broadly open towards the landscape. The smaller openings on the side and rear façades have wooden frames while the structures housing the large bay windows overlooking the countryside are made of aluminium with sliding elements and loggias.

Exterior insulation is not used. From a concrete structural core, the external walls are made of monolithic pumice bricks insulated with rock wool and coated with a skin of scraped mineral plaster, its greenish tint completing the site's variety of colours.

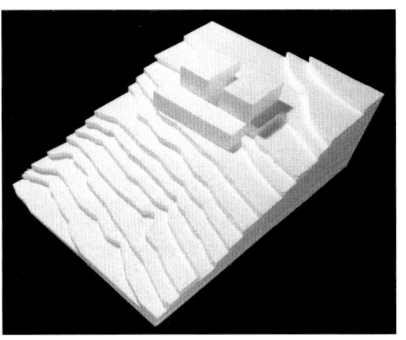

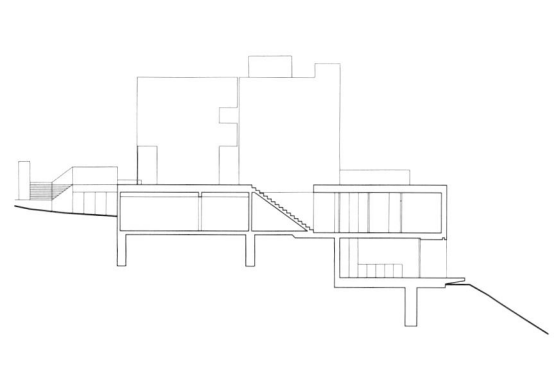
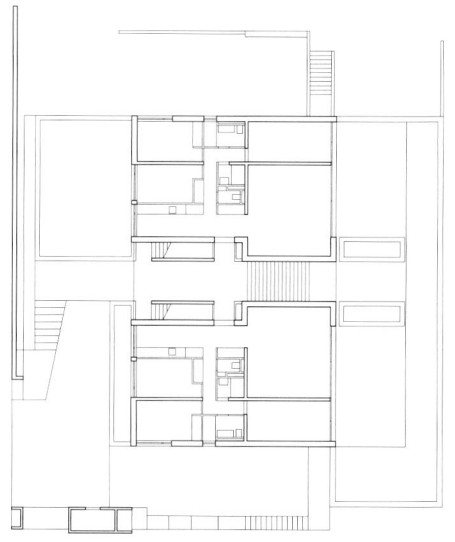
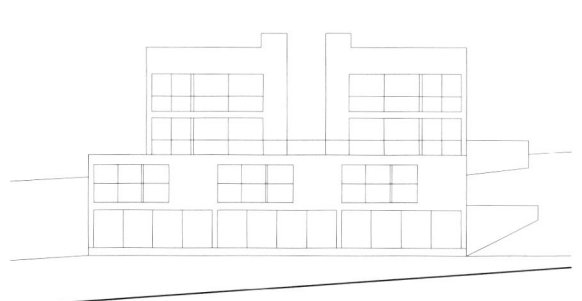
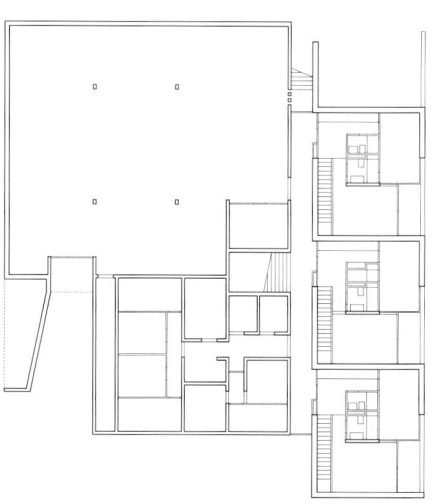

10 m

Drei Mehrfamilienhäuser, Corsier
HMC_P198/19

Drei Villen, durch einen gemeinsamen Garagensockel verbunden. Drei Villen, leicht vom Boden absetzt – bei entschlossenem Verzicht auf ein Gartengeschoss. Drei Villen mit je drei Wohnungen, verbunden durch eine zentrale Erschliessung.
Die bepflanzten und gestalteten Aussenräume, die sich um die Baukörper verteilen, stellen den ehemaligen Park wieder her. Hier gibt es keine Fahrzeuge und kaum versiegelte Oberflächen. Um die Einwirkung des Gebauten zu begrenzen, sind die drei Einheiten mit genügend Abstand über das Grundstück verteilt, das nach dem Abbruch der bestehenden Villa frei blieb.
Jede Villa und jedes Geschoss spielen mit Transparenz und Massivität: massives Mauerwerk und die Öffnungen der Loggien fügen sich zusammen – Räumen mit einer durchsichtigen und emaillierten Verglasung, die winters wie sommers nutzbar sind.
Jede Villa, jede Geschosskombination spielt mit Aussicht und Belichtung, ermöglicht gleichermassen Sichtschutz wie Blickbeziehungen und weist sich aufgrund ihrer Materialität als Teils eines lesbaren Ensembles aus.
Die Konstruktion beruht auf einem einzigen Material, vermeidet Kunstgriffe und Verkleidungen an der Fassade. Die Bimssteinziegel isolieren ohne Putz, Dampfbremse und Anstrich.
Die Fensterrahmen sind von zwei verschiedenen Arten: schmal und aus Metall – sie fangen die weite Aussicht auf die Umgebung und das Licht ein; massiv und aus Holz – sie rahmen die Schlafräume.
Drei Villen zwischen Hügel und See.

Three apartment houses, Corsier
HMC_P198/19

Three villas, connected by a common garage base. Three villas, raised slightly from the ground by a base, deliberately without a garden level. Three villas containing three apartments in each unit, brought together by a central entrance.
The green, designed outdoor areas around the buildings recreate what was formerly a park with no vehicles and little or no mineral surfaces.
To limit the impact of the construction, the three units are distributed on the green property with sufficient spacing after the demolition of the present villa.
Each villa, each floor plan, plays on transparency and mass, combines uninterrupted masonry and gaps consisting of loggias, glazed areas that can be used in summer and winter alike, combining transparent and enamelled glass.
Each villa, each floor plan combination plays on a view and natural light, catching a glimpse of the other without offering a direct line of sight and provides a unified impression with a *catalogue raisonné* of materialities.
The construction uses a single material, rejecting any gimmicks or façade cladding. The pumice brick insulates without finish coating, vapour barrier or paint.
The window frames are in metal – minimalist, as open as possible to the light and view – or wood – solid, framing and defining the privacy of the bedroom area.
Three villas between the hill and the lake.

Ausführung / Construction: 2019
Bauherr / Client: privat / private

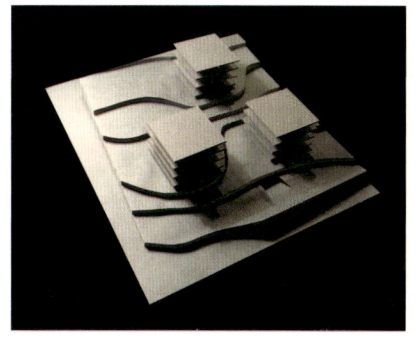

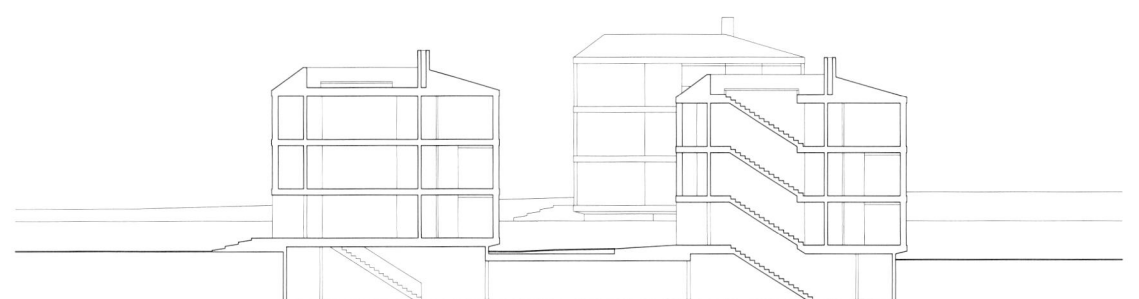
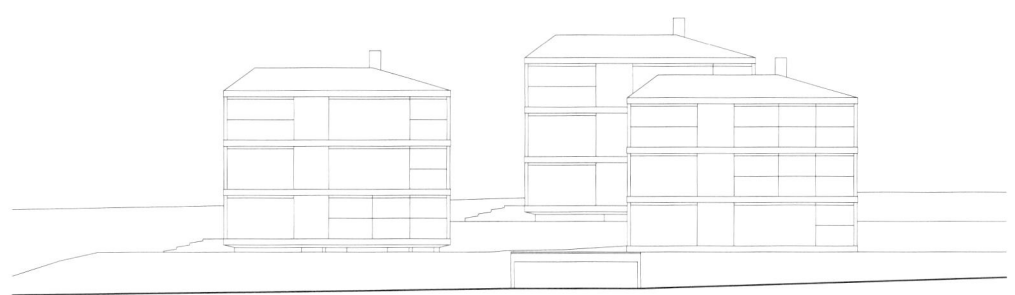
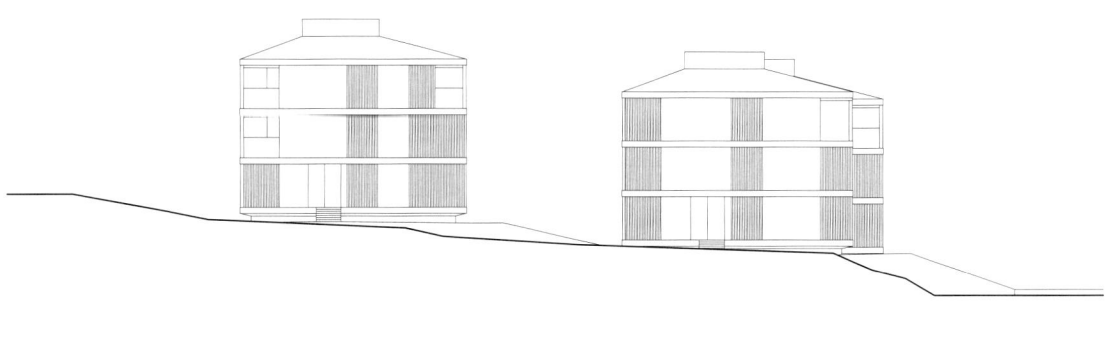

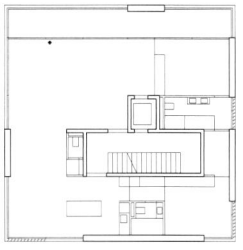

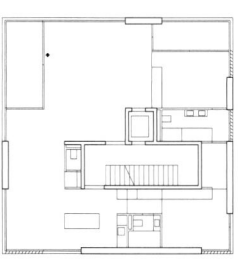

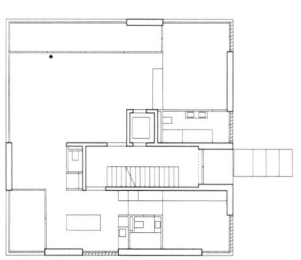

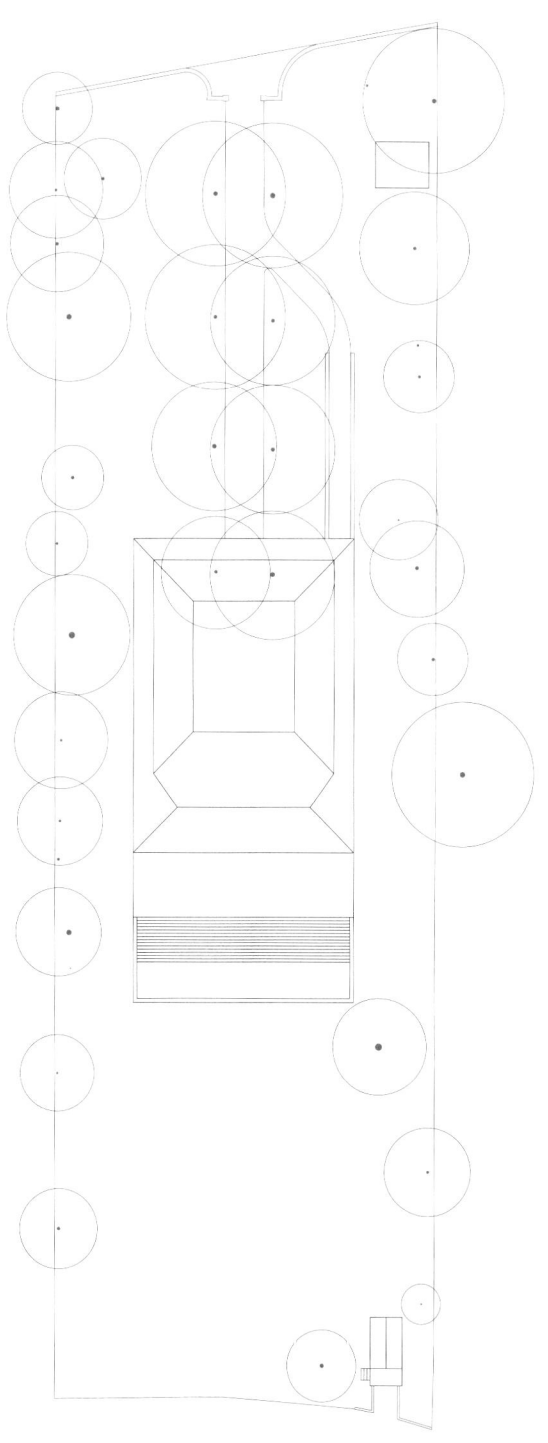

10 m

Einfamilienhaus, Prangins
PRG_P201/19

Von Anfang an bestand der vorherrschende Gedanke bei diesem Projekt darin, einen kompromisslos zeitgenössischen Entwurf zu entwickeln, der die Vorteile der örtlichen Bauvorschriften und Regeln gut ausnutzt.
Die Priorität war, das Projekt in Kontinuität zur bepflanzten Allee umzusetzen, als eine ununterbrochene Raumabfolge vom Eingangstor bis zum Seeufer. Geschlossenheit und Offenheit, Belichtung und Ausrichtung, Schatten und Licht wurden so gegenübergestellt, dass sich eine Komposition ergab, und dadurch fügt sich das Haus in die Gestaltung des Grundstücks ein.

« Ses mots étaient si précis qu'ils trouvèrent leur place dans le moule de sa pensée. »
(Victor Hugo)

Das Raumprogramm ist horizontal und vertikal organisiert. Horizontal gliedern sich zwei Flügel um einen zentralen Patio und trennen die Privaträume von den Gästezimmern. Vertikal bestimmt die Raumkomposition die Privatsphären und positioniert das Hauptschlafzimmer als Bekrönung.
Die grosszügigen Empfangsräume fügen sich ohne Zäsur zwischen den inneren Garten und den See.
Auch die Erweiterungen sind doppelter Art: visuell durch den maximalen Ausblick vom Hauptwohnraum auf die Landschaft oder durch den Durchblick vom erhöhten Essbereich, der sich zwischen Garten und Wohnbereich befindet; physisch in der durchgehenden Verbindung vom Wohnbereich zu den Terrassen, dem Schwimmbecken und dem Park.

Private house, Prangins
PRG_P201/19

From the very outset, the prevailing idea underpinning this project was an uncompromising contemporary design maximising the potential of the rules and constraints imposed by the local construction laws.
One priority – perpetuating the green construction of an uninterrupted plant-lined alley leading from the entrance of the property to the lakeshore with the addition of different sequences. Contrasting massiveness and openness, exposure and orientation, shadow and light to create a type of composition enabling the future home to mould itself to the shape of the land.

« Ses mots étaient si précis qu'ils trouvèrent leur place dans le moule de sa pensée. »
(Victor Hugo)

The spatial programme is organised horizontally and vertically. Horizontally, two wings surround a central patio, separating the private rooms from the guestrooms. Vertically, a spatial hierarchy determines the levels of privacy with the master bedroom crowning the whole.
The spacious reception areas ensure continuity between the interior garden and the lake.
The extensions are thus dual: visual, with the maximum framing of the landscape from the living room or, again, from the guest dining room suspended between the garden and the living room; and physical, with the continuity of the living room, the terraces, pool and the park.

Ausführung / Construction: 2019
Bauherr / Client: privat / private

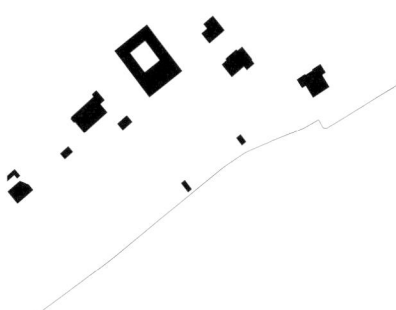

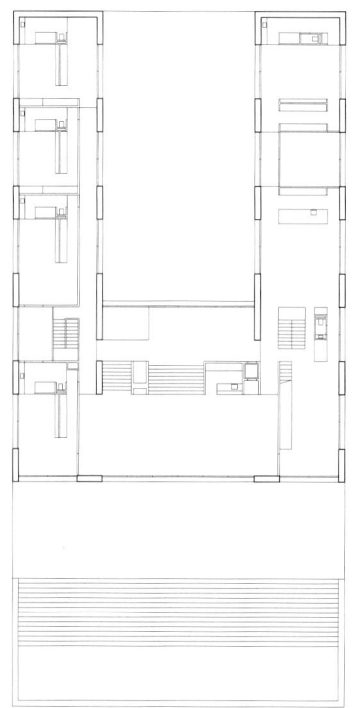
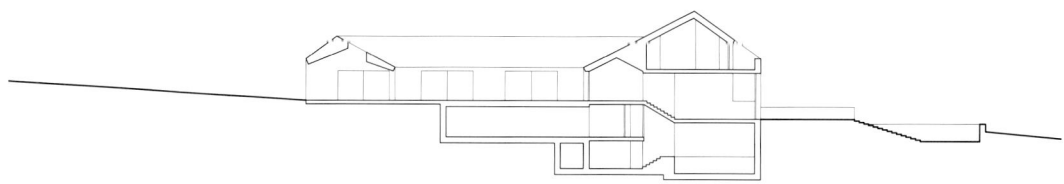

86

Werkverzeichnis / List of works
Auswahl Bauten (R), Projekte (P) und Wettbewerbe (C) / Selection of buildings (R), projects (P) and competitions (C)

Jahr	Nr.	Projekt	Code	Mitarbeit
1992	3	Wettbewerb Studentenwohnungen, Genf; 1. Ankauf	C_001/92	mit / with pb/pw*
1993		Wettbewerb Wohnanlage, Brünnen, Bern	C_002/93	mit / with pb*
1994		Wettbewerb auf Einladung, Crédit Suisse, Zürich; 2. Preis	C_003/94	mit / with pb*
1995		Wettbewerb Handwerkerschule, Felsenau, Bern	C_004/95	mit / with pb*
1996		Ideenwettbewerb neue Identität für das Kulturzentrum «L'Usine», Genf; 2. Preis	C_005/96	mit / with pb*
		Wettbewerb Primarschule, Genf; 2. Preis	C_006/96	mit / with pb*
1997	4	Wettbewerb, Geschäfte und Parkhaus, Forum de Meyrin, Genf; 1. Preis	C_007/97	mit / with pb*
1998		Umbau Wohnung, Genf	R_034/98	mit / with pb*
	2	Wettbewerb auf Einladung, Bahnhof Genf; 3. Preis	C_008/00	mit / with pb/jml*
2000		Umbau Wohnung, Gstaad	R_044/00	mit / with pb*
2001		Wettbewerb Verwaltung, Maison de la Paix, Genf	C_009/01	mit / with pb/dpa*
2003	5	Wettbewerb «Pavillons pour la Rade», Genf	C_009/03	
2004		Wettbewerb «Pont sur l'Arve», Carouge	C_010/04	
		Wettbewerb Wohnanlage, Carouge	C_011/04	
		Verwaltungsgebäude der Fakultät für Psychologie, Genf	R_030/04	mit / with pb*
2006		Transformation und Sanierung Industriegebäude, Genf	R_059/06	mit / with dla*
		Wettbewerb Studentenwohnungen, Genf	C_012/06	
		Wettbewerb Verwaltung, Erweiterung der Welthandelsorganisation (WTO), Genf	C_013/06	
2008		Umbau Chalet, Praz-sur-Arly	R_074/08	
		Umbau Uhrenfabrik, Genf	R_075/08	
		Aufstockung Wohngebäude, Genf	R_115/08	
2009		Umbau Einfamilienhaus, Cologny, Genf	R_097/09	
		Restaurant, Genf	R_098/09	
2010		Einfamilienhaus, Vandœuvres	R_105/10	
2011		Kunstgalerie, Paris	R_116/11	
		Einfamilienhaus, Vandœuvres	R_133/11	
2012		Umbau Einfamilienhaus, Cologny	R_123/12	
		Doppelwohnhaus, Collonge-Bellerive	R_130/12	
		Einfamilienhaus, Cologny	R_145/12	
2013		Umbau Wohnung, Genf	R_146/13	
		Studentenhaus, Montreux	R_147/13	
	1	Wettbewerb Wohnanlage, PAV Marbrerie, Genf	C_014/13	
2014		Chalet, Orsières	P_161/14	
		Wettbewerb Wohnanlage, Vernier	C_015/14	
2016		Stadthaushotel, Genf	R_170/16	
		Einfamilienhaus, Cologny	R_175/16	
2017		Wettbewerb Verwaltung, Internationale Fernmeldeunion (ITU), Genf	C_017/17	mit / with cfa*
2018		Mehrfamilienhaus, Vernier	R_192/18	
2019		Drei Mehrfamilienhäuser, Corsier	P_198/19	
		Einfamilienhaus, Prangins	P_201/19	
		Aufstockung Studentenwohnungen, Genf	P_205/19	
		Sanierung Quartier-Pflegezentrum, Genf	P_211/19	

*In zusammenarbeit mit / In collaboration with:
pb_Pierre Bouvier architecte, Genf / Geneva
pw_Pierre Wahlen architecte, Nyon
jml_Jean-Michel Landecy architecte, Genf / Geneva
dpa_Dominique Perrault Architecture, Paris
dla_dl.ch architectes, Genf / Geneva
cfa_collinfontaine architectes, Genf / Geneva

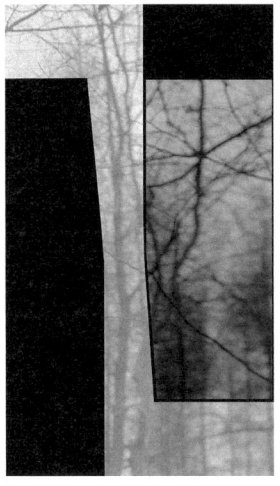

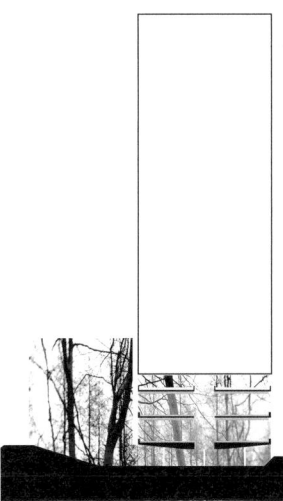
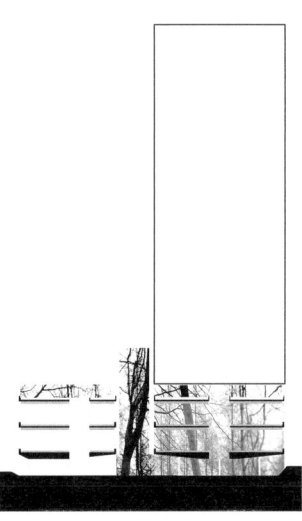
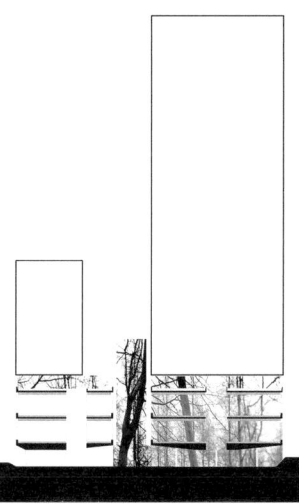

1

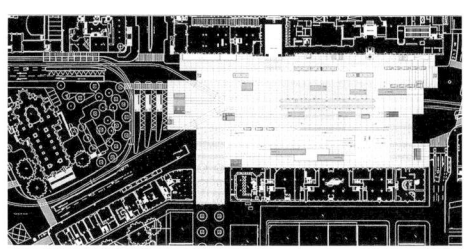
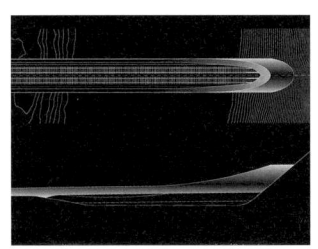

5   4   3   2

Philippe Meyer	1959	geboren in Marseille
	1979	Ecole d'Architecture de Strasbourg
	1980	Ecole d'Architecture de Marseille
	1985	Architekturdiplom (DPLG). Betreuer: Raymond Perrachon, Jacques Sbriglio; Fachgutachter: Luigi Snozzi, Aurelio Galfetti
	1986	Agence Jourda & Perraudin, Lyon
	1986	Mitglied Ordre National des Architectes Français
	1987–1992	Reinhard + Partner, Bern
	1989–1990	Assistent von Professor Vincent Mangeat, ETH Zürich
	1991–2003	Assistent von Professor Vincent Mangeat, ETH Lausanne
	1992–1995	Meyer & Bouvier Architectes, Bern
	1995–1996	Assistent von Professor Kurt Aellen, Institut d'Architecture, Genf
	1995–2003	Meyer & Bouvier Architectes, Genf
	2003	MEYER ARCHITECTE, Genf
	2008	Mitglied SIA (Schweizer Ingenieur- und Architektenverein)
	2009	Mitglied BSA (Bund Schweizer Architekten)
	2010	REG A
	2010	Chefredakteur Zeitschrift FACES
	2017	Philippe Meyer Architecte sàrl
	1959	Born in Marseille
	1979	Strasbourg School of Architecture
	1980	Marseille School of Architecture
	1985	Degree in Architecture, DPLG. Study Directors: Raymond Perrachon, Jacques Sbriglio; Experts: Luigi Snozzi, Aurelio Galfetti)
	1986	Agence Jourda & Perraudin, Lyon
	1986	Member of the French National Order of Architects
	1987–1992	Reinhard + Partner, Berne
	1989–1990	Assistant to Prof. Vincent Mangeat, EPF Zurich
	1991–2003	Assistant to Prof. Vincent Mangeat, EPF Lausanne
	1992–1995	Meyer & Bouvier Architectes, Berne
	1995–1996	Assistant to Prof. Kurt Aellen, Geneva Institute of Architecture
	1995–2003	Meyer & Bouvier Architectes, Geneva
	2003	MEYER ARCHITECTE, Geneva
	2008	Individual Member of the SIA (Swiss Society of Engineers and Architects)
	2009	Member of FAS (Federation of Swiss Architects)
	2010	REG A
	2010	Managing Editor of the review FACES
	2017	Philippe Meyer Architecte sàrl

[1] Raymond Perrachon (1928–2010), geboren in Marseille, war Architekt, Mitarbeiter von Fernand Pouillon und André Devin sowie Gründungsmitglied von Atelier Delta und Professor an der École d'Architecture de Marseille-Luminy von 1973 bis 1993. Zu seinen realisierten Projekten zählt unter anderen der Rowing Club in Marseille.

[1] Raymond Perrachon (1928–2010), born in Marseille, architect, employee of Fernand Pouillon and André Devin. Founder member of Atelier Delta and Professor at the École d'Architecture de Marseille-Luminy from 1973 to 1993. His constructed projects include the Marseille Rowing Club.

Im Gedenken an Raymond Perrachon,[1] der mir so viel gab und ohne den ich nicht der Architekt sein würde, der ich bin.

In memory of Raymond Perrachon,[1] who gave me so much and without whom I would not have become the architect I am today.

  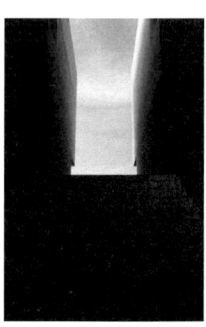

Architektur
Philippe Meyer

Construire, c'est collaborer avec la terre : c'est mettre une marque humaine sur un paysage qui en sera modifié à jamais ; c'est contribuer à ce lent changement qu'est la vie des villes.
Construire, c'est collaborer avec le temps sous son aspect de passé, en saisir ou en modifier l'esprit, lui servir de relais vers un plus long avenir ; c'est retrouver sous les pierres le secret des sources.[1]
Marguerite Yourcenar, Mémoires d'Hadrien

Architektur ist keine Stilfrage. Als Widerspiegelung ihrer Zeit kann sie nichts anderes als zeitgenössisch sein. Die verbleibende Hauptfrage besteht im Bruch mit der Dichotomie von Architektur und Stadtplanung. Die unaussprechliche Verbindung zwischen dem Territorium und dem Kontext wiederzufinden. Bruch und Kontinuität nicht entgegenzustellen. Von einer gegenwärtigen Tendenz innerhalb der Kultur des Bildes, die dem Design zunehmend mehr Wert zuschreibt als der Architektur, wegkommen.
Es ist sehr schwer, eine oder seine Architektur zu definieren. Man kann eine Arbeitsweise, eine Annäherungsweise definieren; die notwendige Vereinigung eines Orts mit einem Thema. Die Art und Weise dieser Vereinigung übersetzt sich unweigerlich in die Materie und die Formgebung, in das Detail und seinen Ausdruck.
Die Kultur, die Neugierde, das Lernen, im Lauf der Zeit zusammengekommen, stehen paradoxerweise mehr mit einer Vorstellung von Schnelligkeit als von Dauer in Zusammenhang. Die Ungeduld wächst mit dem Wissen.

Genf, im November 2017

Architecture
Philippe Meyer

Construire, c'est collaborer avec la terre : c'est mettre une marque humaine sur un paysage qui en sera modifié à jamais ; c'est contribuer à ce lent changement qu'est la vie des villes.
Construire, c'est collaborer avec le temps sous son aspect de passé, en saisir ou en modifier l'esprit, lui servir de relais vers un plus long avenir ; c'est retrouver sous les pierres le secret des sources.[1]
Marguerite Yourcenar, Mémoires d'Hadrien

Architecture is not a matter of style. A reflection of its time, it can only be contemporary. The main remaining question is breaking down the dichotomy between architecture and urbanism. To retrieve the inseparable link between territory and context, without opposing rupture and continuity. Escaping a current born from the culture of image, which progressively prioritizes design over architecture.
It is very difficult to define any or one's own architecture. A method, an approach can be told. The site and the them are the essential combination. The relationship of this combination inevitably finds its meaning through the materials and their manipulations, through the details and their executions.
Built over time, culture, curiosity, study, paradoxically evolve more on a notion of speed than of duration. Impatience grows with knowledge.

Geneva, November 2017

[1] «Wer baut, wirkt mit der Erde zusammen; bauen heißt, einer Landschaft ein menschliches Siegel aufprägen, das sie für immer verändert. Es heißt auch zu jenem langsamen Formwechsel beitragen, in dem sich das Leben der Städte äußert.»
«Ich habe viel wiederaufgebaut, was bedeutet, im Zeichen der Vergangenheit mit der Zeit zusammenzuwirken, ihre Seele festhalten oder umformen, ihr einen Ruhepunkt geben auf der Reise in die Zukunft; es bedeutete, die Quellen des Ursprungs unter Steinen wiederzufinden.»
(Marguerite Yourcenar, *Ich zähmte die Wölfin*. Die Erinnerungen des Kaisers Hadrian. München 1951)

[1] "To build is to collaborate with earth, to put a human mark upon a landscape, modifying it forever thereby; the process contributes to that slow change which makes up the history of cities."
"To reconstruct is to collaborate with time gone by, penetrating or modifying its spirit, and carrying it toward a longer future. Thus beneath the stones we find the secret of the springs."
(Marguerite Yourcenar, *Memoirs of Hadrian*. 1954)

Mitarbeiter seit 1992 / Collaborators since 1992:
Valérie Gleiber / Philippe Ramseier / Aline Greffier / Anna Birgisdottir / Fréderic Perrone / Didier Leclerc / Blaise Fontaine / Sabrina Moreno / Ana Eiris / Eva Gallinier / Agnès Perreten / Christian Scheidegger / Antoinette Schaer / Audrey Porte / Carla Laddaga / Antoine Chatiliez / Jessika Richardet / Pernille Kjaer-Porte / Laurent Carrera / Frank Krishan / Liliane Rössler / Teresa Da Fonseca / Juan Hernandez / Joao Medeiros / Julia Voormann / Alexandre Nowicki / Alberto Daniel / Marta Balsera / Nelson Taisne / Maria Puche / Samantha Nicole / Giulia Chiti

Textbeiträge / Articles by:

Paolo Amaldi ist Architekt und Gründungsmitglied des Büros Amaldi-Neder mit Sitz in Genf. Er war Gastprofessor an der Universität von Montréal, an der *Ecole nationale supérieure d'architecture de Lyon* und an der *Accademia di Architettura di Mendrisio*. Gegenwärtig ist er Professor für Architekturgeschichte und Architekturtheorie an der *Ecole nationale supérieure d'architecture de Versailles* und Chefredakteur der Zeitschrift *FACES* in Genf. Zu seinen Büchern zählen *Espaces* (Paris 2007) und *Architecture, Profondeur, Mouvement* (Gollion 2011).

Paolo Amaldi is an architect and co-founder of the Geneva-based office Amaldi-Neder. He has been Guest Professor at the University of Montreal, the *Ecole nationale supérieure d'architecture de Lyon* and the *Accademia di Architettura di Mendrisio*. He is currently Professor of History and Theory of Architecture at the *Ecole nationale supérieure d'architecture de Versailles* and Editor in Chief of the journal *FACES* in Geneva. His books include *Espaces* (Paris 2007) and *Architecture, Profondeur, Mouvement* (Gollion 2011).

Jacques Sbriglio ist Architekt, Stadtplaner und Szenograph. Er leitet das Büro sbriglio.architectes in Aix-en-Provence, ist Professor an der *Ecole d'architecture de Marseille-Luminy*, Vizepräsident der Fondation Le Corbusier in Paris, Staat- und Stadtrat-Architekt der Stadt Grenoble. Er ist Autor zahlreicher Publikationen und Veranstalter diverser Ausstellungen zum Werk Le Corbusiers in Frankreich und im Ausland. Zu seinen wichtigsten Büchern zählen *L'Unité d'habitation de Marseille* (Marseille 1992) und *Le Corbusier et la question du brutalisme* (Marseille 2013).

Jacques Sbriglio is an architect, urban planner and stage designer. He manages the office sbriglio.architectes in Aix-en-Provence, is Professor at the *Ecole d'architecture de Marseille-Luminy*, Vice President of the Fondation Le Corbusier in Paris and state councillor for the Architecture of the City of Grenoble. He is the author of numerous publications and has organised various exhibitions on the work of Le Corbusier in France and abroad. His most important books include *L'Unité d'habitation de Marseille* (Marseille 1992) and *Le Corbusier et la question du brutalisme* (Marseille 2013).

Mosaik Seiten 90–91 / Mosaic on pages 90–91

01_pic_meyer01	06_pic_meyer03	11_QDC_175/16	16_LMD_116/08	21_NAG_097/05	26_pic_meyer12	31_LMD_116/08	36_GA08_034/98
02_GA10_034/98	07_ORS_161/12	12_DLF_138/10	17_pic_meyer08	22_pic_meyer10	27_QDC_175/16	32_ON-OFF_030/04	37_EDM_170/16
03_pic_meyer02	08_pic_meyer04	13_pic_meyer06	18_pic_meyer09	23_EDM_170/16	28_ON-OFF_030/04	33_GST_044/00	38_LCP_145/10
04_BTD_029/97	09_pic_meyer05	14_ON-OFF_030/04	19_QDC_175/16	24_pic_meyer11	29_CHV_130/12	34_pic_meyer15	39_ECC_133/11
05_SMZ_105/07	10_ECC_133/11	15_pic_meyer07	20_PRZ_074/06	25_QDC_175/16	30_pic_meyer14	35_ANR_025/96	40_pic_meyer16

Quand on sait faire bien un petit détail un couvre joint par ex. On peut concevoir une ville entière Quand on peut concevoir bien une ville entière, on peu faire un petit détail un couvre joint par ex. bien

georges Candilis

Texte in Französisch
French texts

96 De aedibus 71 – Notat
Heinz Wirz

« Le mieux est l'ennemi du... mal »
ou comment l'indéfinition autorise le concret
Philippe Meyer

97 Bâtiment administratif de la Faculté de
Psychologie, Genève
ON-OFF_R030/04

Le regard cherchant
Paolo Amaldi

98 Moderne, forcement moderne
Jacques Sbriglio

99 Surélévation d'un ensemble de villas
urbaines, Genève
CLS_R115/08

Transformation et rénovation d'un
bâtiment industriel, Genève
SIP_R059/06

Résidence étudiante, Montreux
FRM_R147/13

Villa, Vandœuvres
ECC_R133/11

100 Villa double, Collonge-Bellerive
CHV_R130/12

Maison de ville, hôtel, Genève
EDM_R170/16

Villa, Cologny
QDC_R175/16

Appartement-villa, Vernier
VNR_R192/18

101 Trois appartement-villas, Corsier
HMC_P198/19

Villa, Prangins
PRG_P201/19

Architecture
Philippe Meyer

De aedibus 71 – Notat

Heinz Wirz

C'est avec un vif intérêt et fébrilité que je feuillette le manuscrit de ce tome. Une fois encore, je me rends compte de l'important travail fourni, pour chaque tome, par l'architecte, ses collaborateurs et l'auteur. Les plans doivent être préparés et contrôlés, les textes rédigés et relus, puis traduits. Les illustrations sont sélectionnées et préparées pour l'impression, tandis que les couleurs sont contrôlées et étalonnées. Enfin, l'architecte élabore un concept avec des directives de mise en page pour les textes, les plans et les illustrations. Le concept reflète souvent la volonté esthétique de l'architecte, laquelle dans une expression semblable, donne lecture de ses projets sous-jacents. Ou, comme dans le tome présent, il aborde sous un nouveau jour les projets architecturaux, en les réinterprétant et réexaminant ainsi l'espace, ses effets, sa matérialité, son éclairage, en fonction de l'évolution de son propre ressenti.

L'architecte genevois Philippe Meyer explore, ici, les perceptions souvent éphémères de petits espaces dans lesquels se confrontent divers matériaux que la lumière exprime. Associant l'impact d'un angle fragile d'un bâtiment vitré qui confond l'intérieur et l'extérieur, et de mystérieuses sources lumineuses au plafond ou sur la frange supérieure d'un mur, il partage différentes expériences sur la façon dont la lumière révèle les matériaux, sur des vues données au travers de surfaces de verre ou mystérieusement focalisées vers d'autres édifices. La vision s'approfondit pour laisser la parole à une poésie particulière, touchante – méditerranéenne pourrait-on dire. Cette approche singulière avec l'architecture laisse deviner l'origine de l'architecte. Philippe Meyer est en effet né à Marseille, d'une mère d'origine espagnole et d'un père à la fois suisse et originaire de Salerno. Marseille, où il a passé sa prime enfance et a achevé ses études d'architecture. Ses racines biographiques lui permettent de sonder par la perception, la profondeur de l'architecture dans un processus comparable à l'observation d'une image sur laquelle médite Paul Valéry dans son *Introduction à la méthode de Léonard de Vinci* : « L'effet d'une œuvre n'est jamais la *simple* conséquence des conditions de sa création. On peut plutôt dire au contraire qu'une œuvre porte en elle la résolution secrète, que l'imagination souffle une manière de sa création qui correspond aussi peu que possible à la vérité. »

Lucerne, janvier 2018

« Le mieux est l'ennemi du … mal » ou comment l'indéfinition autorise le concret

Philippe Meyer

Penser l'architecture.
Penser le construit, qui occupera l'espace, le penser, loin de toutes règles, de toutes contraintes, des habitudes, des réflexes, dans une stratégie d'indéfinition.
Une stratégie de l'absolu, de l'abstrait, inachevée, encore ouverte, encore en attente d'usage, soustraite aux modes, aux styles et au temps. Oublier le design, sur-représentatif de son état, pour comprendre, le dessin de l'espace dans ce qu'il génère comme modifications génétiques et typologiques du lieu.
Dans son respect, celui de son état originel, celui de sa mémoire, de son histoire, conscient fondamentalement, que toute intervention est une possible altération.
L'atmosphère d'un espace, quel qu'en soit son échelle, n'est pas seulement affectée par sa future réalité construite, concrète, tangible, mais également intentionnellement ou fortuitement, par l'interaction de la lumière, du son ou de l'olfactif.
Les espaces se composent alors de superpositions, de strates, et ne sont jamais vides.
L'indéfinition emprunte une part de cette réflexion.
Cela signifie qu'elle ne donne pas de lecture évidente ou immédiate d'une typologie de l'espace investi, ou bien, qu'elle en donne une lecture singulière, inédite et qui serait, par essence, éphémère.
Ce travail scénographique est au service d'une notion singulière très aiguë, celle de « l'appropriation ».
Honni de tout vocabulaire architectural, ce mot prend tout son sens tant le destinataire de l'objet construit en est investi tout autant que l'espace.
Il ne s'agit pas seulement de formes ou de matières se combinant dans un mode de composition, mais de parcours à dessiner, d'expériences ou d'émotions à transmettre.
Le terrain, la surface d'intervention, est une surface « disponible », utile et utilisable comme support de transmissions dynamiques.
Créer un contexte, un environnement, une atmosphère.
On comprend alors que la forme n'est pas l'objet, que l'inscription spatiale dépasse l'élément, que l'installation l'emporte sur le dessin de l'outil. L'art contemporain supplante l'art décoratif, « […] ce ne sont pas les objets « décorés » qui sont nécessaires à l'atmosphère mais les objets utilisés, […] on s'assoit dessus, on travaille dessus, on en use, on les use, usés, on les remplace. »[1]
La représentation de l'espace habité par l'objet est plus importante que l'objet lui-même, ce qu'il donne à voir, ce qu'il donne à penser l'est plus encore, la démonstration, que le décor n'a de sens que s'il est l'émergence d'une pensée, est faite.
Il est essentiel d'inscrire ce travail dans la continuité d'une écriture, celui d'un « brain-script » en lien permanent avec l'évolution de la pensée et de la culture de son temps, un travail multicouches, dont l'épaisseur est sans cesse donnée par la multiplicité des expériences proposées.
Les processus de planification, les scénarios de développement, la gestion de l'utilisation du sol, l'évolution des structures professionnelles, la multiplication des formes de vie devraient conduire à une réflexion globale sur l'« état » culturel de la production.
La question cruciale du logement, celle qui touche chacun est une illustration d'un mode global qui en fait l'économie.
C'est affaire de marché.
Les professionnels de l'immobilier, qui se réfèrent à des valeurs culturelles symboliques pour démontrer la pertinence des arguments publicitaires mis au service de leurs promotions, fustigent ouvertement les architectes qui imposeraient dogmatisme et vision du monde.
L'architecture doit-elle, en se caricaturant, se consacrer uniquement aux ouvrages les plus prestigieux ?
Il y aurait-il deux mondes, celui d'un architecte voué à l'expression d'un Art, et celui d'un autre, artisan sans fard du prêt-à-habiter ?
Dans une société où, éphémère, immédiate consommation, jetable, sont omniprésents, les constituants de notre environnement se virtualisent.
L'habitat incarne pourtant encore, paradoxe ou contradiction, la pérennité, le désir et le devoir de durer.
On ne peut s'empêcher de penser que ce sont précisément les professionnels du logement qui observent le débat dans une perspective déformée ou détournée. Ce n'est certainement pas un hasard si les logements les plus recherchés le sont dans des structures réaffectées, revisitées du non résidentiel, ou dans le déjà bâti.
Dans sa conséquence économique intrinsèque, le produit construit implique la multiplication d'un identique et non la révélation d'une identité.
C'est bien là que se situe la confusion des genres d'un débat dont la seule issue est culturelle.
En cessant de confondre, norme et qualité, règlements et règles, type et identité, il est indispensable de recourir à l'expérimentation de nouveaux modèles.
Le logement ne peut se contenter de répondre aux besoins fondamentaux, mais faire du « confort » une composante récurrente de son architecture.
À une époque où le virtuel transforme radicalement diffusion et consommation culturelle, la question du logement traduit une rupture qu'il est urgent de théoriser, pour qu' « enfin le mieux soit l'ennemi du mal … ».

Genève, octobre 2017

---

[1] Le Corbusier, *L'Art décoratif d'aujourd'hui,* Paris 1925

Bâtiment administratif de la Faculté de Psychologie, Genève

ON-OFF_R030/04

Le parvis de l'Université.
Creusé dans ce parvis, en négatif, l'inscription d'un grand hall.
Au-dessus, porté, un volume de sept niveaux.
À l'arrière, adossé au mur pignon d'un bâtiment de logements existant, un nouveau mur, auquel on a donné l'épaisseur nécessaire pour contenir tous les éléments de service et de distribution verticale, un mur monolithe, une solution de continuité.
Au rez-de-chaussée, un déambulatoire donnant accès, à l'escalier du hall, la salle des « pas perdus », associant les six salles de séminaires dont les haut-jours portent la lumière depuis le parvis.
Les étages, reçoivent trois modules de bureaux disposés selon un mode combinatoire indépendant, modifiable à chaque niveau.
Toute mutation, à l'intérieur des différents modules de bureaux de plâtre blanc, demeure possible au gré des répartitions, tandis qu'entre eux, habillant les espaces communs, la chaleur d'un bois rouge cadre et capte les échappées sur l'extérieur.
La façade qui en résulte, superposition de plateaux et de modules de bureaux, est ensuite enveloppée d'une couche d'isolation noire pour les parties solides, et d'une serrurerie d'aluminium thermolaqué noir pour les ouvertures ; le contreventement, déporté de la façade, superpose à cette enveloppe un dessin libre et savant, abstrait et unificateur, s'exprimant en surpiqûre, en filigrane, au moyen de tirants d'acier inoxydable.
Le volume brut, nu, sans revêtement, sans protection, doit encore être habillé.
Un tissu métallique uniforme, assure un voile protecteur et soulage la façade des agressions du vent, du soleil et de l'eau.
Selon l'angle d'incidence du soleil, la luminosité, l'humidité de l'air, la température, la couleur du ciel, l'éclairage des bureaux, celui des corridors et celui de la ville, il donnera à voir un autre visage, opaque, mat, transparent, brillant, moiré, inexistant, flou, mouvant, flottant comme un lampion.

Le regard cherchant

Paolo Amaldi

Il y a comme un parfum japonais dans l'architecture de Philippe Meyer. Ces quelques lignes vont essayer d'illustrer, à défaut d'expliquer, cette résonnance.
Il y a pour commencer, un livre, très chic dans sa facture, que vous tenez entre les mains.
Si l'architecture est aussi le véhicule graphique et photographique par lequel elle est mise en scène, on pourrait commencer par observer comment la présente monographie nous parle d'une certaine façon d'assembler des images : la plupart d'entre elles sont des close-up, parfois sur-cadrés, qui oblitèrent une partie de l'image que le lecteur aurait aimé voir. Les détails s'étalent majestueusement sur les pages, les vues d'ensemble sont des vignettes d'ambiance. Cette façon d'assembler les images parle de la manière de faire et de penser l'architecture.
Le livre et l'architecture de Philippe Meyer – rappelons que pour Alberti le premier est une construction autant que la seconde est un livre ouvert – partagent à mon sens un même régime scopique, ce qui ajoute de la cohérence à une démarche d'une rare rigueur intellectuelle.
Notre culture occidentale a inventé le point de vue, le panorama, la vue d'ensemble, la fenêtre perspective. Dans *L'Art de dépeindre*, l'historienne de l'art Svetlana Alpers opposait la peinture italienne de la Renaissance à la peinture hollandaise du 17ème siècle.

D'un côté une peinture narrative – raconter une histoire à l'intérieur d'un cadre, d'une fenêtre – et, de l'autre, une peinture descriptive. Ces deux traditions reflètent deux sujets observateurs différents : d'un côté le JE regarde de la Renaissance, et, de l'autre, le ON regarde de la culture flamande. Deux regards qui partagent cependant une même recherche de dévoilement, de manifestation totale.
Notre hypothèse est que Philippe Meyer met en place un spectateur d'un genre quelque peu nouveau que l'on pourrait résumer par la locution : EN regardant.
Le regard méditatif et en suspension qu'appelle son architecture est ancré dans une tradition qui n'est pas seulement moderne ou moderniste ; c'est un regard instruit, sensible, cultivé, jamais innocent. Les choses sont là pour quelqu'un qui aurait le temps de les regarder, de s'en approcher. Dans son Éloge de l'ombre paru en 1933, le romancier Junichiro Tanazaki parlait de la culture occidentale comme d'une culture en quête de progrès, toujours à la recherche d'une clarté plus vive, jusqu'à traquer l'ultime refuge de l'ombre et de l'imprécision.
Dans les immenses salles des monastères de Kyoto, Tanizaki décrit la succession des salles qui atténuent, dans la profondeur, la lumière, de sorte que la qualité de la pénombre blafarde qui pénètre dans le temple est sensiblement la même en été et en hiver. Les recoins ombrés qui se forment dans chaque compartiment du cadre des Shôji – des panneaux coulissants à armature serrée – réagissent à la lumière même la plus ténue : *Dans les pièces les plus reculées, tout au fond d'un vaste bâtiment, les cloisons mobiles et les paravents dorés, placés dans l'obscurité qu'aucune lumière extérieure ne pénètre jamais, captent l'extrême pointe de clarté de lointain jardin.*
Si vous ajoutez à ces descriptions la tradition japonaise des jardins de pierres, vous obtenez, par exemple, l'expérience de chambres d'hôtes inscrites par Philippe Meyer dans l'épaisse et profonde échancrure du tissu du 17ème siècle de Genève.
Ici, les chambres d'hôtes se referment dans l'épaisseur des vieux murs, jouant sur des escaliers de calage qui articulent les seuils d'entrée. Le passage voûté qui s'étire dans la pénombre est une césure – on est davantage dans la discontinuité de l'espace que dans sa continuité – qui mène vers un patio intérieur très contraint. D'où cette idée de doter le pavillon occupant la cour d'une composition de lames de cuivre légèrement plissées qui accrochent et renvoient la lumière. Mettant l'extérieur à bonne distance, elle évoque le goût de la culture japonaise pour la sphère privée, on n'est jamais en vitrine. Pourtant, ce dispositif est agile, vivant ; lorsque l'angle de vue change, la vue s'ouvre à l'improviste et le regard fuit en diagonal.
Ces instantanés s'approchent à une tradition plus orientale qu'occidentale. Les architectes japonais Kisho Kurokawa et Kazuo Shinohara ont disserté sur la façon dont la culture occidentale pense l'espace architectural, et l'ont théorisée. La notion spatiale de Giedion est issue d'une tradition qui suppose que l'espace est une présence structurée, définie par des murs, manipulable de façon abstraite. À la fois *Raum* et *Gestaltung*. Le concept japonais ne différencie pas l'intérieur de l'extérieur, mais sépare l'espace public de l'espace privé en jouant sur des strates successives, des murs qui ne sont que des parois en papier, des successions de panneaux, l'absence de couloir, autant de thèmes que l'on retrouve dans la production de Mies van der Rohe dès la fin des années 1930 dont la sensibilité orientale a été relevée par Werner Blaser dans *West Meets East* (1996).
Le pavillon sur cour définit un jardin essentiellement minéral qui n'est ni intérieur, ni extérieur. Étiré en longueur par des rangées de briques au sol, bordé d'un parterre de gravier duquel émergent de fines tiges d'arbres structurés, voilà une façon très japonaise de stabiliser l'horizon visuel. Le mur face aux chambres du nouveau pavillon est nu comme celui du jardin de pierres de la villa impériale de Kyoto. De nuit, la face en claustra s'éclaire, comme des stries de papier translucide.
Même lorsque Philippe Meyer conçoit, en bordure de lac, une villa qui s'inscrit dans la pente douce du terrain, les grands toits appentis cassent l'échelle de l'objet, la maison reste un pavillon. Tout bâtiment est traité, pensé comme un pavillon, là où certains architectes suisses, en construisant des villas, pensent plutôt au Palazzo.

Alors que ce dernier repose sur le sol, manifeste un socle, déploie des symétries, le pavillon propose un langage plus fragile, son rapport au sol s'établit par le vide.
Gottfried Semper opposait le mode opératoire stéréométrique qui consiste à partir du sol à atteindre l'effet de massivité propre à la pierre (prenant comme exemple le Palazzo Pitti de Florence), au principe tectonique d'assemblage (associé étymologiquement au terme *Gewand*, le vêtement). Ce qui consiste à réaliser, par l'assemblage, le tissage, le nœud, une cabane qui n'est rien d'autre que l'archétype du pavillon.
La rigueur appliquée est bien loin des effets de manche, des partis pris architecturaux d'une architecture du spectacle, auxquels l'architecte ne croit pas. Observable, d'ailleurs, également dans ses projets de concours, toujours très subtils, trop subtils pour être consommés en un battement de cil par un jury. Ils nécessitent du temps. On entre dans les couches de signification de ses projets pour autant que l'on soit disposé à se laisser guider par une vision rapprochée, un peu à l'image du tableau de *La Dentellière* de Vermeer.
Et c'est ici que se rejoint la façon de penser l'espace dans la culture japonaise, laquelle privilégie, au détriment des belles vues d'ensemble, le goût du détail, de l'expérience qui absorbe le passage du temps, car tout se joue dans l'effet ponctuel : l'apparition furtive d'une ligne de lumière sur un mur, la transparence fugace, instable, au travers d'une claustra.
La culture architecturale japonaise que Philippe Meyer connaît est une culture ancrée dans le temps qui passe, dans l'impermanence et la fragilité des effets. Son architecture évoque les courts métrages du cinéaste Jean-Claude Rousseau, en particulier *Arrière Saison*, tourné dans les allées du Parc impérial de Kyoto : la caméra capte des petites scènes privées, des micro-fictions qui se rejouent tout au long de la journée.
En réalité l'intérieur est pensé comme un paysage ou, plus littéralement, comme un vide occupé. Tout part de la matière.
Son travail ne se nourrit pas d'images, mais de matériaux assemblés par le vide ou le joint qui ménagent leur coexistence. Une matière dessinée, équarrie, lissée, assemblée, tressée, moulée, extrudée, manufacturée ; matière plus ou moins consistante, plus ou moins transparente, plus ou moins brute.
Ces plans matériels qui s'échelonnent sont pensés comme des panneaux. La notion de fenêtre, y compris celle en longueur de Le Corbusier, est une idée abîmée. Elle est remplacée, tout comme Mies van der Rohe, par le langage mobile des panneaux ou des portants, certains glissent, d'autres non : mais tous participent de la construction d'une frontalité, comme le montre la villa QDC 175, et du déploiement d'une épaisseur plus que d'une profondeur. Tout est mobile, y compris les vitrages, les sections de murs, les armoires, les claustras, les garde-corps.
Prenons le cas de la façade de la faculté de psychologie. Regardez attentivement la façon dont le tissu métallique (suspendu au-dessus du rez-de-chaussée) est tendu par un système de ressorts et comment s'opère le retournement de l'angle. L'enveloppe tressée ne se retourne pas. L'angle siffle aux quatre vents. Ces grands filets neutralisent l'échelle du bâtiment, fonctionnent comme des plans sans bordure verticale, sans couture, alors que derrière se joue un chassé-croisé de câbles de contreventement qui dessinent un idéogramme. Nous sommes dans une architecture sans cadre. Si le cadre, dans la tradition classique, stabilise la perception, l'anticadre, lui, laisse glisser le regard. L'effet de flottement qui en résulte, renforce le caractère pavillonnaire de cet immeuble de huit étages qui s'éclaire de nuit comme une lanterne sans échelle.
Parler d'un objet qui serait à la fois lanterne et pavillon, c'est revenir finalement aux principes de la pratique de Philippe Meyer, ancré dans un travail sur la matière dont la complexité sensorielle finit par convoquer plusieurs images autour d'un même fragment.

Genève, novembre 2017

[1] Ernest Renan, cité par Claude Lévi-Strauss in discours d'entrée à l'Académie Française, 1974.

Moderne, forcement moderne
Lecture d'un projet générique
Jacques Sbriglio

« Le moyen d'avoir raison dans l'avenir est, à certaines heures, de savoir se résigner à être démodé ».[1]

En un moment où s'affirmer « antimoderne » semble être une véritable posture de mode, l'architecture des maisons de Philippe Meyer s'ancre a contrario en toute confiance et en toute liberté, dans l'héritage de la modernité. Une modernité qui aura bouleversé à l'échelle mondiale le langage de l'architecture en anticipant les mutations technologiques et sociales que le XXe siècle n'allait pas tarder à connaître. Ainsi une des grandes ruptures que le Mouvement Moderne aura provoquée avec l'architecture du passé, aura été de déplacer le curseur de telle manière que « la maison », et par voie de conséquence le logement, soit désormais placée au centre de questions de l'architecture. Est-il nécessaire de rappeler à ce propos ce petit livre de Le Corbusier, « Une maison – un palais » écrit en 1928 et dont la couverture mettait en exergue et sur un même plan, le projet pour le concours de la Société des Nations à Genève en 1927 et une petite maison – en fait un simple cabanon – érigée au bord du bassin d'Arcachon.
En ce début de troisième millénaire, on peut considérer que cette modernité est devenue au fil du temps, un nouveau classicisme et que la Suisse, qui a grandement contribué à son émancipation, représente peut être aujourd'hui son conservatoire idéal.
C'est ainsi à une relecture des codes du Mouvement moderne que nous invite sans hésitation, l'architecture des maisons de Philippe Meyer. Et plus particulièrement la dernière de ses réalisations, non pas la E-1027, mais la 175 QDC.
Hors de tout effet de mode, de toute gesticulation inutile, cette maison décline dans sa simplicité classique, dans la rationalité de son plan et de sa coupe, les questions essentielles que pose tout projet. Par ailleurs, l'expression exacerbée de sa fonctionnalité neutre illustre une intention souvent rendue familière par les icônes du Mouvement moderne, à savoir, obtenir par réduction des éléments constitutifs, une enveloppe, un type d'édifice reconnu désormais comme universel.
Il convient donc de noter ici, à propos de l'architecture de cette maison, d'abord son rapport au territoire. Ici le lac avec son horizontalité implacable à laquelle répond en écho celle de la forme de cette maison et de ses terrasses latérales qui sans cesse l'étirent. Ensuite, le paysage avec sa découpe en trois bandes là aussi horizontales la surface de l'eau, le profil des montagnes, le ciel, que vient magnifiquement mettre au carreau le dessin des menuiseries. Le lac et ses lumières comme autant de possibilités de jeu avec l'architecture de cette maison entre reflets et transparences.
Ensuite, le fait que l'architecture de cette maison ne masque pas ses références. On peut lire celles-ci à la fois du côté de la maison Farnsworth et de la Tuggendhat de Mies, mais aussi du côté de Kahn et de sa théorie entre espaces servants et espaces servis et enfin de celui de Le Corbusier en gardant en mémoire, la célèbre petite maison du lac à Vevey. À noter également un grand sens du détail mais une mise en œuvre du détail transcendée par la confrontation savante des matières et des couleurs aboutissant à une sorte d'esthétique de la disparition, voire de l'abstraction qui n'est pas sans faire référence à l'architecture japonaise ou à la peinture d'un Hartung, voire d'un Soulages.
Mais je voudrais conclure en citant Benoît Goetz qui dans son ouvrage, « Théorie des maisons », à la lecture duquel on s'aperçoit que l'architecture de la maison n'est ni un problème de look, ni un problème de forme, mais effectivement un problème d'adéquation entre forme, espace et usage et à propos duquel il écrit : « Si l'on veut espérer savoir construire, il faut d'abord se mettre en quête de l'habiter. Qu'est-ce qui se passe, qu'est ce qui se passe à travers les structures solides qui nous contiennent ?... J'appelle donc ici « maison » une manière d'être à l'espace, ou, pour parler comme les phénoménologues, une manière pour l'être-là de configurer un monde ».

Cité Radieuse, Marseille, mars 2017

Surélévation d'un ensemble de villas urbaines, Genève

CLS_R115/08

Bâti dans les années 1980, le support est un ensemble de « town-houses ».
Le surélever, c'est se déterminer sur la notion de prolongement, sans mimétisme.
Surélever, c'est ici, surajouter, superposer, cela signifie qu'à la structure existante, ce « complément » devra, au-delà de toute question formelle, en respecter les contraintes statiques.
Ainsi, léger devenait le maître-mot du projet.
Léger dans le mode structurel adopté.
En utilisant une ossature porteuse en bois, assemblée en atelier, transportée et installée sur place dans un court espace-temps afin de ne pas créer de nuisances à la toiture d'accueil.
Léger, dans l'habillage.
En contraste avec un édifice de béton structuré, employer un matériau d'habillage, le zinc prépatiné qui, travaillé alternativement par pli concave ou convexe, procure sous les divers angles de la lumière, une vibration de la matière.
La ferblanterie de bord de toiture se prolonge pour devenir façade, et ainsi, donner à l'ensemble une plus grande force unitaire.
Léger, dans l'expression.
En choisissant, dans le rythme de la structure, de percer l'ensemble de larges ouvertures, cadrant sur les prolongements les plus lointains, le paysage bâti ou végétal environnant.
Faire d'une structure, un abri, un toit habité.

Transformation et rénovation d'un bâtiment industriel, Genève

SIP_R059/06

Comment décider de ce qui doit rester ou de ce qui doit disparaître ?
Chercher à conserver à tout prix n'a de sens que s'il est manifeste que politiquement, financièrement ou techniquement, la destruction ne peut s'imposer.
La SIP devait être acceptée comme un ensemble composite d'éléments construits, appartenant à une seule et même entité spatiale clairement délimitée, état encore aujourd'hui inchangé, et, à une seule et même entité fonctionnelle, disparue.
Demeure donc un ensemble hétéroclite dont la qualité réside justement dans la reconnaissance de cet état.
Dès lors, loin de chercher à homogénéiser les fonctions et le bâti, il convenait de prolonger le caractère de mixité que le lieu s'est progressivement donné, pour révéler le caractère unique qu'il représente.
Les éléments constitutifs de son architecture première étaient essentiellement représentés dans l'emploi du béton dès les années 1920, date de la première installation et dans la modénature des menuiseries en en acier réalisées en profils T et conférant à l'ensemble une unité remarquable.
L'effort porta sur la conservation de ces éléments caractéristiques sans mimétisme, au point de ne pas reconstruire les fenêtres détruites ou murées et de faire le choix de les remplacer par de grandes baies non divisées.
L'ensemble bâti étant inscrit à l'inventaire, un respect strict des normes thermiques en vigueur n'était pas imposé.
Cependant, afin de garantir une notion de confort, les profils conservés ne pouvant accueillir un double vitrage, il fut décidé de doubler la fenêtre en plaçant dans l'embrasure intérieure un vitrage simple coulissant toute hauteur et largeur.
Enfin, l'expression d'un signe contemporain. Par la surélévation de la cage d'escalier afin de créer une émergence, captant la lumière et portant un regard sur la ville.

Résidence étudiante, Montreux

FRM_R147/13

À Montreux, face au lac et à la chaîne des Alpes, une construction est adossée, s'accroche à la colline et n'impose qu'une façade unique.
Glissée sous un autre édifice qui lui est presque superposé, une ancienne clinique désaffectée et transformée en immeuble de bureaux devait faire place à 35 studios destinés aux étudiants d'une école hôtelière.
S'accrochant à la falaise et suivant son profil, le projet devient singulièrement une extension inférieure de l'immeuble qui lui est superposé.
La première installation consiste à soutenir l'immeuble pour permettre la démolition. Puis, progressivement, installer une structure accueillant les cellules dans une grille répétitive.
Les logements pour étudiants qui occupent la structure d'accueil sont desservis, au-devant de l'unique façade, par un balcon-coursive qui devient le prolongement extérieur de chacun des studios.
Lieu de rencontre et distribution, c'est l'ensemble de la construction qui se révèle.
Les studios, compacts, essentiels, qui occupent l'entre-structure constructive, par couple, reçoivent, pour la partie jour, un mur de béton brut lasuré et une face recouverte de sapin, auquel s'associe un jeu de mobilier spécialement conçu pour un usage polyvalent.
À l'opposé, pour la partie nuit, les cellules doubles, que se partagent deux étudiants, individualisent les éléments sanitaires, en confondant meubles et espace.
Les volets coulissants, placés le long du garde-corps, protègent une façade d'aluminium largement ouverte, assurent la modularité de la lumière, de la réverbération, des vues et de l'intimité.
Par le mouvement aléatoire de leur usage individuel, une lecture sans cesse modifiée de la façade se propose.

Villa, Vandœuvres

ECC_R133/11

Située à la pointe extrême d'une langue de terre, en trapèze, la parcelle a la particularité morphologique de présenter, par le dévers de sa topographie, deux niveaux possibles d'accès.
En contrebas, l'accès automobile est prolongé, au-delà du garage, par un patio intérieur qui apporte de la lumière naturelle aux espaces occupant le socle.
À l'opposé, sur la partie haute du terrain, l'accès piétonnier se complète d'un emmarchement pour rejoindre l'entrée principale signée par un évidement de la masse bâtie.
La maison se décompose en deux corps assemblés.
Le premier, en béton préfabriqué de teinte vert tilleul, constitue le noyau porteur qui traverse les trois étages bâtis.
Le second, également en béton, porté, en suspension, crée un encorbellement sur les façades recevant les belles expositions, et se pare d'un revêtement de travertin en fond de coffrage.
Les deux matières sont percées de grands cadres de bois massif, épais, ouverts sur le paysage proche et lointain.
La même essence habille sous forme de bardages, les façades les plus exposées au regard, et se fond dans l'environnement végétal.
Chacun des prolongements extérieurs nécessaires ou complémentaires aux différents espaces, est utilisé pour construire et géométriser la parcelle, donnant stabilité à l'ensemble.
La piscine exploite une nouvelle fois, l'épaisseur du contre-terre pour compléter les volumes du patio et du garage en contrebas de la parcelle. De longueur égale à la loggia de l'étage, il en est en quelque sorte une projection.

Villa double, Collonge-Bellerive
CHV_R130/12

Dans un tissu déjà dense, inscrire un système, la fragmentation d'une grille de composition.
Admettre pour chacune des deux unités bâties, un espace central vide, ouvert ou couvert, un patio éclairant, référence de chacun des parcours, et négation du sous-sol.
Construire double, par la nécessité, mais comprendre duplicité dans la dualité.
Effacer ainsi la mitoyenneté.
Attacher et détacher, pour lire enfin deux entités individuelles qui appartiennent au même projet, celui d'un ensemble.
Faire de la terre, le socle qui porte la maison.
Faire de l'espace de jour, l'espace du soir, de la réception, de la représentation, emprunter un sol qui découpe volumes et surfaces, et met en relation chacun des niveaux.
Confondre un espace intérieur clos, couvert, et un espace extérieur, cadré, ouvert.
Faire de l'espace de nuit, une entité à la fois liée et portée, en projection sur le jardin, dans la lumière du patio central, et en constante vue transversale sur les deux jardins, celui qui accompagne l'entrée, et celui, plus intime, qui prolonge le séjour.
La construction portée par un socle de béton qui définit le contre-terre, emploie deux types de béton préfabriqué, murs composites, dont les agrégats traduisent en division horizontale, un volume ancré, émergeant et un volume délicatement posé.
Le couple que composent les deux unités bâties devient, à la fois, semblable par l'unité de la composition, et dissemblable par l'exploitation différenciée de la grille, système agrégé de 6.00 m x 6.00 m, qui autorise un mode combinatoire multiple.

Maison de ville, hôtel, Genève
EDM_R170/16

Nous avons hérité d'une cour à l'abandon, une cour oubliée au fond d'un corridor, un non-lieu.
Il nous fallait inventer un programme pour lui redonner vie et la révéler.
L'architecture sert, aussi, nous le croyons, à cela.
Un thème riche, l'installation d'une maison de ville pour y loger des chambres d'hôte.
Verticalement, profondément, la cour s'est agrandie et, au-delà de la forme, imposée, nous avons fait le choix d'une unique matérialité.
Observée de toute part, sa toiture devenait sa façade principale, recouverte de cuivre, elle s'est en quelque sorte propagée pour habiller par déclinaison, l'ensemble, dans une abstraction géométrique.
Le but poursuivi était de démontrer que, dans une situation historique presque figée, il demeurait possible de proposer une définition contemporaine de l'espace et de sa représentation.
Une construction difficile, pénible, s'édifiant loin de tout accès aisé, a conduit, par adéquation, à l'emploi de matières nobles mais simples, empruntées à un vocabulaire décalé.
Des contreforts habillés de béton battu.
Une brique de parement, pour les murs comme pour les sols d'une cour plantée.
Une ferblanterie du cuivre recouvrant toiture et façades exposées.
De l'acier brut, cintré et ciré, enveloppant le plafond du corridor d'accès dont les murs revêtus d'argile et de mortier, alternent douceur et rugosité.
Ainsi, en renouant le lien qui existait autrefois avec la rue, nous nous inscrivons dans une continuité, celle de la ville qui se bâtit sur elle-même, encore et sans cesse.
La cour, c'est la maison ?

Villa, Cologny
QDC_R175/16

C'est une métamorphose.
Celle d'un lieu que l'on décrivait inhabitable parce que simplement inhabité, mais qui, au contraire, était habité d'un paysage.
Et c'est précisément ce paysage, empreint d'horizon, qui dicte chacune des interventions.
Une évidence première, ouvrir.
Ouvrir à la vue, à l'air et à la lumière.
Ouvrir à l'espace, à la grande dimension, celle du territoire.
La transformation passe par la démolition.
Progressivement, les murs qui contraignent l'espace, tombent et le libèrent.
Il ne reste plus qu'à conserver et à utiliser une structure régulière et bien disposée.
Portée, couverte, il convient alors de la compléter en confondant extérieur et intérieur.
Cette villa est un mimétisme !
Le garde-corps surélevé trace la ligne d'une parallèle obligée avec le lac.
Le parcours horizontal, qui l'accompagne, est un long travelling qui scanne le paysage.
Les matières qui habillent les surfaces de chaque paroi sont déterminées par la lumière qu'elles reçoivent et jouent sur un registre de variations qui combinent argile, résine, et bois.
Enveloppés d'une façade de verre, sans rupture, les espaces se distribuent sur un tapis continu de travertin, gommant toute limite entre intérieur et extérieur… ce n'est pourtant pas une maison de verre, plutôt un reflet sur le miroir de l'eau.
Le lac, c'est la maison ?

Appartement-villa, Vernier
VNR_R192/18

Une villa.
Disposée à flanc de coteaux vers le Rhône.
Une villa collective, une villa à appartements, qui ne substitue pas à l'échelle domestique et individuelle de la constitution du tissu bâti par la reproduction d'un archétype locatif, celui de l'immeuble, avec son hall d'entrée, ses boîtes aux lettres et son interphone.
Ici, ces fonctions sont déléguées, le hall c'est le volume extérieur entre chaque aile, à valeur de patio central, générateur d'air et de lumière. Le garage, commun, construit l'esplanade d'arrivée, laquelle s'accompagne de bacs plantés habillés de céramique.
Les 7 appartements qui l'occupent sont répartis en trois entités distinctes et assemblées.
De part et d'autre de l'allée centrale distributive, deux corps composés de deux appartements simplex, définissent une cour d'entrée. Jumeaux, les logements adoptent une double relation à l'espace en se combinant pour l'un, verticalement, avec un toit-terrasse, pour l'autre, horizontalement, avec un prolongement extérieur.
Ce prolongement est permis par l'accès sur la toiture du troisième corps bâti, calé à la limite de la rupture de pente et abritant trois duplex.
Dans une volonté de compacité et de protection, la villa ne s'ouvre généreusement que face au paysage. Les façades latérales et arrières aux percements de moindres dimensions, reçoivent des menuiseries bois, alors que les baies cadrant le paysage sont en aluminium associant coulissants et loggias.
Refusant l'emploi d'une isolation périphérique, à partir d'un noyau structurel en béton, les parois extérieures sont constituées de briques de pierre ponce monolithiques, isolées de laine de roche, et revêtues d'une peau d'enduit minéral gratté dont la tonalité verdâtre complète la variété chromatique du lieu.

Trois appartement-villas, Corsier

HMC_P198/19

3 villas, rassemblées par un même socle commun, leur garage.
3 villas, légèrement décollées du sol par un socle, dans la négation volontaire d'un rez-de-jardin.
3 villas, contenant 3 appartements par unité, réunis par une distribution centrale.
Les espaces extérieurs, replantés et aménagés autour des unités bâties, reconstituent ce qu'était autrefois un parc, pas de véhicule en surface, pas ou peu de surface minérale.
Les trois unités, pour limiter l'impact de la construction, occupent de manière dissociée, l'espace du parc laissé libre après démolition de la villa actuelle, un parc unique à l'usage de tous et de chacun.
Chaque villa, chaque étage, joue sur la transparence et la massivité, associe pleins maçonnés et vides constitués de loggias, volumes de simple vitrage utilisables en hiver comme en été, associant verre transparent et verre émaillé.
Chaque villa, chaque combinaison d'étage, recherche vue et lumière naturelle, entrevoit l'autre sans jamais donner directement à voir et, dans un catalogue raisonné de matérialités, s'inscrit dans la lecture d'un ensemble.
La construction emploie un seul matériau, refusant tout artifice de façade, tout habillage, une brique de pierre ponce, isolée et isolante, sans crépi, sans pare-vapeur, ni peinture.
Les menuiseries sont de deux ordres, métalliques, minimales, ouvertes le plus largement vers la vue et la lumière, bois, solides, cadrant et définissant l'intimité des espaces de nuit.
3 villas, entre colline et lac.

Villa, Prangins

PRG_P201/19

Dès l'entame, la pensée qui prévaut à ce projet est celle d'un dessin contemporain sans compromis qui exploite le potentiel des règles et contraintes imposées par les lois locales de la construction.
Une priorité, celle d'inscrire le projet dans la continuité de la construction végétale d'une allée plantée qui conduit sans rupture, et dans une addition de séquences, de l'entrée de la propriété jusqu'au bord de l'eau.
Confronter massivité et ouverture, exposition et orientation, ombres et lumière, pour produire un mode de composition permettant à la maison de se mouler dans la forme du territoire.

Ses mots étaient si précis qu'ils trouvèrent leur place dans le moule de sa pensée. (Victor Hugo)

Le programme de la maison est organisé autour d'une double division horizontale et verticale.
Horizontalement, deux ailes enserrent un patio central et distinguent les parties privées et celles réservées aux chambres d'hôtes.
Verticalement, une hiérachie spatiale détermine les degrés d'intimité et permet de placer la chambre de maître en couronnement.
Les espaces de réception, généreux, s'inscrivent sans rupture entre jardin intérieur et lac.
Les prolongements sont alors doubles.
Visuels, par le cadrage maximal du séjour sur le paysage, ou celui, traversant, de la salle à manger de réception en suspension entre jardin et séjour.
Physiques, par la continuité du séjour avec les terrasses, la piscine et le parc.

Architecture

Philippe Meyer

Construire, c'est collaborer avec la terre : c'est mettre une marque humaine sur un paysage qui en sera modifié à jamais ; c'est contribuer à ce lent changement qu'est la vie des villes.
Construire, c'est collaborer avec le temps sous son aspect de passé, en saisir ou en modifier l'esprit, lui servir de relais vers un plus long avenir ; c'est retrouver sous les pierres le secret des sources.
Marguerite Yourcenar, Mémoires d'Hadrien

L'architecture n'est pas une affaire de style.
Reflet de son temps, elle ne peut être que contemporaine.
La principale question qui demeure est celle de rompre avec la dichotomie architecture et urbanisme.
Retrouver le lien indicible entre territoire et contexte, ne pas opposer rupture et continuité.
Échapper à un courant issu du monde de l'image qui, progressivement, fait davantage place au design qu'à l'architecture.
Il est très difficile de définir une architecture ou son architecture.
On peut définir un mode de faire, une approche. La nécessaire conjugaison d'un lieu et d'un thème. La relation de cette conjugaison trouve inéluctablement sa traduction dans la matière et sa mise en forme, dans le détail et son expression.
La culture, la curiosité, l'apprentissage, ajoutés au fil du temps, s'inscrivent paradoxalement plus dans une notion de vitesse que de durée.
L'impatience augmente avec la connaissance.

Genève, novembre 2017

Dank / Acknowledgements / Remerciements

Es ist mir ein Bedürfnis, Linus, Heinz und Antonia Wirz sehr herzlich für das mir entgegengebrachte Vertrauen bei der Realisierung dieses Buchs zu danken – und gleichzeitig auch dafür, wie sie mit beharrlicher Beständigkeit durch ihre Publikationen die Kultur der Architektur verbreiten. Und zuletzt danke ich ihnen für ihre Geduld und die Qualität ihrer Arbeit!
Mein Dank gilt allen unseren Partnern für ihre Unterstützung und die Sensibilität, die sie zeigten, indem sie uns die Realisierung unserer Projekte ermöglichten.
Danken will ich auch meinen Mitarbeitern, die mir im Lauf der Jahre bei der Umsetzung meiner Entwürfe geholfen haben und immer noch helfen.

I would like to express my special thanks of gratitude to Linus, Heinz and Antonia Wirz for their trust in this work and for their continuous effort to share architecture culture through their publications.
Thanks also to all of our partners for the support and the awareness they show to enable us to carry out our projects.
Last but not least, my team who through the years have helped me and still help me in the requirement of my choices.

Je tiens à remercier très chaleureusement Linus Heinz et Antonia Wirz pour la confiance offerte à l'occasion de la réalisation de cet ouvrage, les remercier également de continuer avec constance, au travers de leurs publications, à diffuser la culture de l'architecture, les remercier enfin, pour leur patience et la qualité de leur travail !
Merci, à tous nos partenaires, pour leur soutien et la sensibilité dont ils font preuve pour nous permettre de réaliser nos projets.
Enfin, merci à l'ensemble de mes collaborateurs qui, au fil des ans, m'ont aidé et m'aident encore dans l'exigence de mes choix.

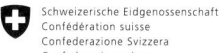 

Groupe de Rénovations Immobilières SA, Genève

Tridex Elite SA, Genève

R. Duraffourd Ferblanterie, Carouge

Jäggi Philippe, Enterprise général d'électricité, Collonge-Bellerive

OTIIMA, Porto, Portugal

ESM Ingénierie SA, Genève

Georjon SA, Genève

Ingeni SA

Kerabat Sàrl, Gland

Laydevant SA, Carouge

Maulini SA, Satigny

Pâquet Michel, Ingénieur civil EPFL-SIA, Genève

RICOH
imagine. change.
Ricoh Suisse SA, Wallisellen

waltgalmarini
WaltGalmarini AG, Zürich

Metallover SA, Carouge

CMDS SA, Plan-les-Ouates; Dasta Charpentes Bois SA, Plan-les-Ouates; D'Orlando SA, Genève; h2o facilities SA, Petit-Lancy; Keramik Laufen AG, Laufen; KLB Klimaleichtblock GmbH, Andernach; Mayland Menuiserie Sàrl, Sainte-Croix; SB technique SBt SA, Genève; SWISSWOOD Project Groupe SA, Lonay

Quart Verlag Luzern / Quart Publishers Lucerne

De aedibus – Zeitgenössische Architekten und ihre Bauten / Contemporary architects and their buildings

71	Philippe Meyer (de/en; fr)	36	Schneider & Schneider (de/en)
70	bartbuchhofer (de/en)	35	Frei & Ehrensperger (de und en)
69	Hauenstein La Roche Schedler (de/en)	34	Liechti Graf Zumsteg (de/en)
68	Graeme Mann & Patricia Capua Mann (de/en)	33	Adrian Streich (de/en)
67	Esposito Javet (de/en und de/fr)	32	Daniele Marques (de/en)
66	Galletti Matter (de/en und de/fr)	31	Neff Neumann (de/en)
65	Fruehauf, Henry & Viladoms (de/en)	30	Giraudi Wettstein (de/en)
64	Jakob Steib (de/en)	29	Steinmann & Schmid (de/en)
63	bunq (de/en)	28	Matthias Ackermann (de/en)
62	Jean-Paul Jaccaud (de/en und de/fr)	27	Aeby & Perneger (de/en)
61	huggenbergerfries (de/en)	26	Bakker & Blanc (de/en)
60	Berrel Berrel Kräutler (de/en)	25	Markus Wespi Jérôme de Meuron (de/en)
59	Pierre-Alain Dupraz (de/en und de/fr)	24	Bauart (de/en und de/fr)
58	Cometti Truffer (de/en)	23	Knapkiewicz & Fickert (de/en)
57	Joos & Mathys (de/en)	22	Marcel Ferrier (de/en)
56	Lacroix Chessex (de/en)	21	Wild Bär Architekten (de/en)
55	Savioz Fabrizzi (de/en und de/fr)	20	Enzmann + Fischer (de/en)
54	Boegli Kramp (de/en)	19	Mierta und Kurt Lazzarini (de/en)
53	Zita Cotti (de/en)	18	Rolf Mühlethaler (de/en)
52	Oestreich + Schmid (de/en)	17	Pablo Horváth (de/en)
51	Stump & Schibli Architekten (de/en)	16	Brauen + Wälchli (de/en)
50	Luca Gazzaniga (de/en)	15	E2A Eckert Eckert Architekten (de/en)
49	Guignard & Saner (de/en)	14	Lussi + Halter (de/en)
48	Morger + Dettli (de/en)	13	Philipp Brühwiler (de/en)
47	Charles Pictet (de/en)	12	Scheitlin – Syfrig + Partner (de/en)
46	Armando Ruinelli + Partner (de/en/it)	11	Vittorio Magnago Lampugnani (de/en)
45	Luca Selva Architekten (de/en)	10	Bonnard Woeffray (de/en und de/fr)
44	Luca Deon (de/en)	9	Graber Pulver (de/en)
43	2b (de/en)	8	Burkhalter Sumi / Makiol Wiederkehr (de/en)
42	Durisch + Nolli (de/en)	7	Gigon/Guyer (de und en)
41	sabarchitekten (de/en)	6	Andrea Bassi (de, fr und en)
40	Beat Rothen (de/en)	5	Dieter Jüngling und Andreas Hagmann (de und en)
39	Atelier Bonnet (de/en)	4	Beat Consoni (de und en)
38	Novaron (de/en)	3	Max Bosshard & Christoph Luchsinger (de)
37	Althammer Hochuli (de/en)	2	Miroslav Šik (de, en und it)
		1	Valentin Bearth & Andrea Deplazes (de, en und it)

Quart Verlag GmbH, Heinz Wirz; Verlag für Architektur und Kunst
Denkmalstrasse 2, CH-6006 Luzern; books@quart.ch, www.quart.ch